菅原郁夫・下山晴彦――[編]

実践 法律相談

面接技法のエッセンス

東京大学出版会

Practical Guide for Legal Counseling
Ikuo SUGAWARA and Haruhiko SHIMOYAMA, Editors
University of Tokyo Press, 2007
ISBN 978–4–13–032339–0

はしがき

本書は、そのタイトルが示すとおり、法律相談の実践のためのエッセンスを示すものである。それと同時に法律家と臨床心理学者とのコラボレーションの成果でもある。本書では、法律相談の技術を、法律専門家の視点と相談者を助ける支援者との両方の視点からながめ、相談の場で用いられる技法を示し、そのための訓練方法を紹介している。前者の視点はまさに法律家の視点であり、後者の視点は臨床心理学の視点である。この両者は、ともに市民生活の支援を目的とする学問である。本書では、法律相談という具体的援助場面について、法律家と臨床心理学者が協力して新たな活動のあり方を提案している。その意味で、本書の特色は、法律家の視点と臨床心理者の視点との両面から語ることができる。

まずは、法律家の視点から本書の特色を述べてみよう。市民生活中で法の果たす役割は、ここ数年で大きく変わろうとしている。これまでになく法の整備が進み、法曹人口も増加している。裁判制度に市民が直接参加する制度も近々スタートする。法律が市民の身近になり、市民生活を支える大きな力となることが期待されているといえよう。しかし、そういった変化は単に制度を変えたり、法曹人口を増やしたりといった枠組みの改革のみでは達しえない。いかに制度を新設しても、弁護士の数を増やしても、市民にとって近づきがたい、あるいは利用しづらいものであれば、多くの改革も空回りに終わってしまう。たしかに法は人を助け、社会を発展させるために存在する。その意味で法制度の充実は意義のあることである。しかし、法は法だけでは機能しない。それを使う人間がいてはじめて機能するものである。その意味で、結局は人を救うのは人に他ならないといえる。したがって、今日の改革をより意義のあるものするには、法律や法制度の整備に加え、それらの法律や法制度と市民の接触面、いわばインターフェース部分の活性化が必要といえよう。

市民との接触面という点で、臨床心理学は、まさにそのインターフェース部分に深く関わる学問である。そこで、次に臨床心理学者の視点から本書の特色を述べることにする。法律相談に訪れる市民は、何らかの紛争に関わり、問題の解決を求めてやってくる。臨床心理学は、そのような人々の問題解決を、心理的側面からサポートするための相談方法を開発してきている。相談に訪れる人々は、紛争を経験することで心理的に傷ついたり、不安になったりしている。あるいは疑心暗鬼になり苛立ったりしている。そのようなときには、カウンセリングなどの臨床心理学の技法が役立つのである。弁護士は、単に法律的判断を教示するだけでなく、臨床心理学の相談技法を活用して相談者の心の訴えを共感的に理解することで、相談者のニーズに応える相談援助が可能となる。まさに相談技法が、法律や法制度と市民の心を"つなぐ"機能を果たすことになるのである。

本書では、このように法律学と臨床心理学とが協働し、インターフェースの活性化をするものとしての法律相談を提案する。すべての法律業務は、まずは相談から始まるといっても過言ではない。したがって、この部分が利用者にとって利用しやすく、サービス提供者にとってより多くの情報をもたらすものであれば、よりよい制度は加速度的に構築されることになろう。本書では、法と市民の接触を、法律専門家と市民の接触、さらにはより端的に人間と人間の心の接触ととらえ、そこでのコミュニケーションのあり方と訓練の仕方を考えている。その意味で本書で示す法律相談は、法知識や法の専門家を中心に据えることはせずに、臨床心理学の理論と方法を援用することによって、利用者たる相談者の視点を重視し、法律家と相談者が協力して問題の解決策を見出すことを目指すものとなっている。ここに本書の特色がある。

本書の構成は、大きく4部に分かれる。第1部は、いわば法律相談の実践的トレーニングの総論編とも言うべきもので、法律相談のために面接技法の訓練を行うことの意義やどのように訓練を行うべきかといった方法論が示される。法律相談は、相談者の話を聴くことから始まり、相談者と専門家がともに考え、答えを共有する。これが本書の基本的な考えである。第2部はその実践編である。面接のためにどのような基本技術があるのか、それらが法律相談場面でどのように使われるのかを、具体的な相談例の流れに従って説明している。引き続く第3部はいわば応用編であり、第2部の技術に加えたより高度な対処法、あるいは困難事例に対する対応が個別的に示される。ここではいずれも具体的な相談事例を引用し、より実践的な解説が示される。最後の第4部は資料編であり、実際に面接技術の訓練を行う際に用いるロールプレイ用のシナリオや、記録作成の仕方に関する技術的な情報が示される。

本書全体が実践的な場面を念頭に、かつ常に相談者重視という基本的な理念に立ち返った相談のあり方を追求している。本書が、法律学者、弁護士、臨床心理学者の長年にわたるコラボレーションの成果であることの表れである。

本書は日弁連法律相談センター面接技術研究会の成果である。同研究会の活動にあたっては、日弁連公設事務所・法律相談センターおよび日弁連リーガル・アクセス・センターより、長年にわたるご支援をいただいた。とりわけ、日弁連公設事務所・法律相談センター元委員長の長岡壽一氏および同林史雄氏にはひとかたならぬお世話をいただいた。また、本書の刊行にあたっては、東京大学出版会の後藤健介氏に多大なるご助力をいただいた。同氏の献身的かつ情熱的な支援なくしては本書の刊行がありえなかったといっても過言ではない。これらの方々に記して御礼を申し上げる次第である。

本書が一人でも多く法律相談に携わる方のお手元に届き、よりよい法律相談の一助になることを祈念する。

2007年6月8日

編者　菅原郁夫
　　　下山晴彦

目　次

第1部

面接技術訓練の基礎

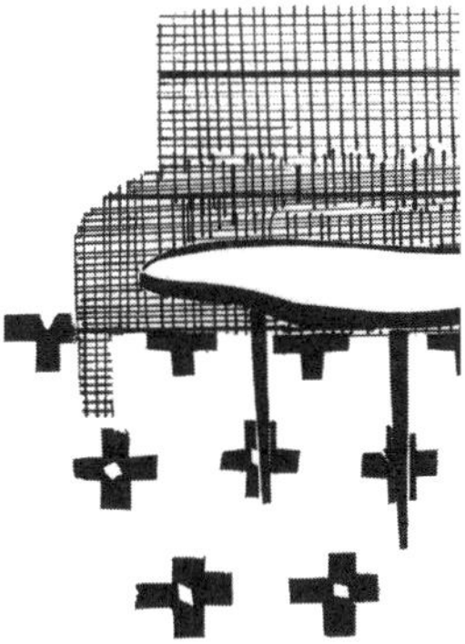

第1章 相談の現実と課題

1 相談者の声

「相談内容を文書に要約して持参したのに、読もうともせず、口頭説明もすぐにさえぎり、勝手に結論を出してしまう。聞きたいことも聞いてもらえず、時間の無駄でしかなかった。」

「人を馬鹿にしたような言い方をされた。素人が困って相談に行っているのだから、ゆっくりわかりやすく説明してほしい。」

これらは、ある弁護士会が行った法律相談後のアンケートで出てきた相談者の感想例である。かなり厳しい批判であるが、決して珍しいものではない。表現のちがいこそあれ、同様の批判は、この弁護士会の法律相談に限らず、他でもしばしば聞かれるものである。

しかし他方で、次のような感想もある。

「今回の相談で、よく弁護士さんから話を聞いてもらい、本当に感謝しています。」「親身になって、相談に乗ってくれて、心から感謝しています。」

このような評価の違いはどこから出てくるのであろうか。一見すると個人差、つまり個々の弁護士や相談者の個性に原因があるように思われる。しかし、いくつか事例をみていくと、そこにはかなり共通した要素を感じ取ることもできる。それは、「話を聞いてもらえなかったことに対する不満」と「話を聞いてもらったことへの感謝」である。

弁護士の仕事のほとんどは法律相談から始まるといっても過言ではある

まい。もし相談者が弁護士に対し、話を聞いてくれないとの不満や不信を持っていたならば、相談者はきっと安心してすべてを弁護士に語ることはできまい。他方、情報が不十分であれば、弁護士としても十分な代理は難しくなる。結末としては、双方にとって満足ゆく結果が得にくいものとなろう。

現実の法律相談では「話を聞いてもらえなかったことに対する不満」が決して少なくないようである。なぜ、このような不満が生じるのだろうか。少々踏み込んで考えてみる必要がありそうである。

さて、かりにあなたが一つの悩み事を抱えたとしてみよう。あなたは、周囲の人にあたりかまわず相談をして回るであろうか。多くの人は、まずは話を聞いてくれそうな人、親身になってくれそうな人を探して相談事を切り出すのではなかろうか。相談者は相手を見ているのである。法律相談の場合はどうであろうか。法律に関する相談であるから、まずは法律を知っている人を探さなくてはならない。しかし、それでは法律のことを知っていれば、あとは誰でも一緒なのだろうか。決してそうではあるまい。法律相談の相談者もやはり、まずは話を聞いてくれそうな人、親身になってくれそうな人を探しているのである。その人にとって重要な相談であればあるほど、相談者は相談相手を見ている。それゆえ、法律の専門家であっても、話を聞いてくれない人、親身になってくれない人には、先のような不満が生じるのである。

❷ 相談者にとっての法律相談と、弁護士にとっての法律相談

それでは、相談相手の弁護士のほうは相談者をどのように見ているのであろうか。実際には、相談者の思いと弁護士の思いは、いくつかの点で食い違うことが多い。

1 「法律相談」の内容

「法律ではどうなってるの？」vs.「そんなの法律問題じゃない」

一般に弁護士は、法律相談の窓口に訪れる人は法律的な問題を抱えたがゆえに相談に訪れると考えがちである。もちろんこの予想の大方は正しいといえるが、よくよく考えてみると、少し論理的に矛盾しているところがある。

相談者は法律の素人である。まさに素人であるがゆえに、弁護士に相談しにきているのであるが、実は、その法律相談であるかどうかの判断は素人の判断であり、弁護士の判断と一致するとは限らないのである。したがって、理屈の上では、法律相談は、法律相談かどうかわからないものも含めて相談の対象としなくてはならないということに留意しなくてはならない。

弁護士は、まさに法律の専門家として相談に臨み、どこが法律問題かをまず見つけだしたがるが、相談者は、なにが法律問題がわからないがゆえに多くの状況を説明したがることになる。

2 結果志向の弁護士と過程志向の相談者

「かくかくしかじかで……」vs.「それで、結論は……」

相談者は、法律的になにが重要かを必ずしも十分に把握していない。そのため、どこが重要かがわからない。それが原因でていねいに説明しようとする。自分にとって重要なこと、わかってほしいことを特にていねいに説明しようとするのが一般的である。それに対し、弁護士は法律の要件にしたがって話を聞く。相談者個人にとって重要であっても、法的には重要ではない事柄もたくさん存在する。相談者は自分の置かれた立場の理解を求め、順を追って説明しようとするが、弁護士は的確にポイントをついた説明を求め、話が長くなるのをきらう。先の見える弁護士は、空を飛ぶ鳥のように一足飛びに結論に向かおうとするのに対し、先の見えない相談者は、地道に一歩一歩手探りで先に進もうとするのである。

その結果、相談者はせかされ、話を聞いてもらえないと不満を感じ、弁護士は相談者の要領の悪さにいらだちを感じることになる。

3 問題解決と法的解決

「いったいどうすれば、……」vs.「これが法律的解決……」

相談者と弁護士の思い描く紛争解決は、必ずしも一致しない。まずは、法律の素人である相談者にとって、（しばしば身びいきではあるが）法は正義の集合体であるのに対し、弁護士にとっては要件と効果の集合体である。相談者は法律に過度の期待をよせる傾向にあるのに対して、弁護士は法による解決の限界を指摘する。そのため弁護士のアドバイスに従い、法の機能を理解したとしても、相談者にとってそれではうまく問題が解決しないという事態がしばしば生じる。相談者にとっては実生活の問題解決が目的であるのに対して、弁護士にとっては法的に対処することが問題解決を意味することも少なくない。その結果、いったいどうすればこの問題が解決するのか、といった相談者の悩みに対して、弁護士は法的には云々となっており、そうすることが現実的な問題解決になると伝える。しかし、それでは相談者が必ずしも満足できないと感じることもしばしば生じる。

❸ 法律相談の新しい視点とその技術

1「法律」相談と法律「相談」

このように、相談者と弁護士は多くの場面で視点を異にしている可能性がある。そういった相違は、より本質的には、法律相談の対象となる紛争自体についても当てはまる。一般に紛争は、対立状況に至った最終状況を前提に、あたかもその対立が必然であるような形で説明される。しかし、紛争はその発生・展開過程において、社会性や主観性を帯びている。その意味では、同じ事実から成る関係であっても、あるものは法的紛争として感じ取られるが、あるものは法的紛争とは感じ取られない、といったことが起こりうる。

たとえば、大家《おおや》が店子《たなこ》の家の水道の水漏れを直してくれないといった事実が生じた場合を考えてみよう。相談者が法的アドバイスを受けた場合には契約の問題として理解されるが、一般的には大家の人格の問題と理解されるかもしれない。前者の場合は、法律問題として専門家への相談の対象となるが、後者の場合はケチな大家の問題として、近所の噂や、大家の知り合いへの苦情の問題となって展開することになろう。結局、同じ事実に遭遇しても、紛争を抱えた人、あるいはその人を囲む環境によって、「紛争」の外形が異なりうるのである。弁護士の場合、ともすると法律の要件にしたがって紛争内容を解釈しがちであるが、現実には法律の要件にしたがって紛争が起きてくれるわけではない。むしろ、相談者としてはいろいろと紛争解決に向けて努力をする中で、自分の「紛争」というものをかたち作っているのである。その意味で、社会との関係、あるいは自分の主観との関係で紛争の定義付けがなされる面を忘れるべきではなかろう。

以上の点を考えると、法律相談は、相談者自身が問題を十分に理解し対処するのが基本といえる。そのため相談者はどのようにすれば問題が解決するかを考えるのに対して、弁護士の場合は、まず何が法律問題かを考える傾向にある。相談者の場合は、困りごとの解決を求める「相談」が中心であるのに対して、弁護士の場合は専門知識である「法律」を中心にとらえがちである。相談者はどうすれば問題が解決するかを問うのに対し、弁護士は法律がどのように規定されているかを答えがちである。

2 相談者の観点を重視する法律相談

このように、相談者と弁護士の間に大きな視点の違いがある場合、はたしてどのような調整を図るべきであろうか。これまでは、弁護士が権威者として存在し、無言の圧力のもと相談者のほうに調整を強いていたのではなかろうか。しかし、本来は、相談者の観点を重視した法律相談を行うべきであろう。というのは、たんに利用者としての相談者の立場が尊重されるべきであるということにとどまらず、弁護士自身にとっても相談者との関係を良好に保つことが大きなメリットになるからである。法律相談は、弁護士にとって訴訟など多くの業務の入り口でもある。このことは、法律相談の場が、相談者にとって弁護士への印象を形成する大きなきっかけとなりうることを意味するし、その後の業務における依頼者との間の信頼形成の第一歩であることも意味する。それゆえ、相談者に満足・納得のゆく相談を実施することは、相談に引き続く訴訟やその他の業務を円滑に進める上でも重要な意味を持つのである。

① 相談者のニーズ

それでは、相談者に合わせた法律相談のあり方とはどのようなものであろうか。そのためにはどのように対応すべきであろうか。まず重要なのは、相談者のニーズを把握することである。ここでいう相談者のニーズとは、相談者が法律相談で求めるものである。注意すべき点は、その内容がたんに法律上の回答にとどまらず、心理感情的要因、家族関係的要因、経済的要因、歴史的要因など、相談者が相談にあたって求めているものすべてを含みうる点である。このような諸要因を考慮にいれた場合、相談者は法的視点からすれば実現不可能な期待を持っている場合もあれば、逆に法的には実現可能なものに関しても、あえてその実現を望まず、妥協的な解決を求めている場合もある。まずは、それら当事者のニーズを批判や評価することなく、ありのままに把握することが重要である。法律家の視点からみれば不合理な期待も、いきなり否定するのではなく、まずは何が希望なのか包み隠さずに述べてもらうように努力し、その後に法的な解決と相談者の求める解決との間のすりあわせを行うべきである。

相談者中心主義

「相談者中心主義」とはリーガル・カウンセリングの基本的な視点である(Binder et al. 1991)。この考え方によれば、まず出発点としては問題の所在・問題の定義自体を、その相談者にしてもらうことが必要である。より具体的には、弁護士の視点から「これは法的には、こういう問題です」という類型分けをして、問題をその中に押し込むということをしない。何が問題点かは、本人自身が定義づける。同時に、解決方法に関しても相談者が自分で発見していくようにする、といった考え方がとられる。そして、そのために弁護士は支援をする必要はあるが、「これが解決方法です」というような形で弁護士の価値観を提示するということではなくて、相談者が自分で解決方法を発見してもらうほうが好ましい、という考え方がとられる。

さらにその解決策に関しても、それを弁護士が勝手に実現してしまうのではなくて、あくまでも本人ができる範囲でするように支援をする。その過程でなされるアドバイスも、当事者の価値観を尊重した形でなして、つねに弁護士は相談者の感情を尊重して、そこへの理解を示し、支援の意思を伝達しつづけるというのが相談者中心主義の基本姿勢である。

② 相談者と弁護士の協働

つぎに相談者の観点から法律相談を考えるにあたって重要な点は、法律相談が相談者と弁護士の協働の場であるという点である。すなわち、法律相談は、専門家である弁護士から相談者への一方的な知識提供の場ではなく、また、相談者が自分の希望をかなえるために弁護士を一方的に利用する場でもない。法律相談は、十分な情報交換による問題の共有に始まり、その共通認識を基礎に、相談者と弁護士が協働して問題解決方法についての合意形成を目指す過程である。そこでは、相談者は自らのニーズを語り、弁護士は自らの社会的立場や法的知識を語る。お互いが対等な立場で情報を交換し、協働して最善の解決策が追求される。この相互の情報交換の過程において、弁護士は相談者の立場を尊重し、逆に相談者は弁護士を信頼し、すべての情報を弁護士に伝えることによって満足のゆく相談結果がもたらされることになる。

3 コミュニケーション・スキルの重要性と訓練の必要性

① コミュニケーション・スキルの重要性

このように、相談者の観点を重視した法律相談を行うには、それなりの訓練が必要である。たとえていえば、上述の考え方は、弁護士の前に来るのは法律問題ではなく問題を抱えた人間であるということを重視する立場である。こういった立場を徹底していくためには、その過程で対面している人間と、どれだけうまくコミュニケーションをとるのかが、重要なポイントになる。したがって、相談者を重視するアプローチをとることによって、その過程で用いられるコミュニケーション・スキルの重要性が、とくに強調されてくることになるのである。より具体的には、十分に話を聴いて、親身になっていることを相手にわかってもらう技術が必要である。また、問題に対し、的確に判断をし、それを相談者に理解しやすく伝える技術も必要とされる。

② コミュニケーション・スキルを磨くための訓練

それでは、そのようなコミュニケーション・スキルはどのようにして身につけることが可能なのであろうか。実は、法律の知識があることと、法律相談の面接を適切に実行することとは同一ではない。法学の大家の先生が、必ずしも法律相談の名手ではないのである。法律相談が上達するためには、法律相談に特有の技能を修得することが必要である。そして、そのためには訓練が必要となる。多くの弁護士は、これまで法律相談の訓練を受けたことなどないのではなかろうか。また、自分自身の面接技術を評価し、改善していくためのポイントをとくに意識しているわけではないだろう。多くは経験主義で自己流に面接技能を学んできたといえる。しかし、前述の視点から考えるとき、それが、真の意味で相談者のためになっていたのかは疑問である。無闇に実践を繰り返しているだけでは、技術の向上には結びつくとはかぎらない。ポイントを押さえた訓練が必要といえる。そして、訓練をすれば必ず技能は上達するものである。本書は、以上のような視点から法律相談の技術の向上のために書かれたものである。

弁護士の権威者型モデルへの批判

アメリカにおける古典的な弁護士像は、弁護士が法の威厳を重視して、依頼者から示された問題に対して、依頼者以上に支配権と責任を持って臨み客観的に適切な解決を示すというものであった。こういった権威者型モデルと呼ばれる弁護士像は一見理想にかなうように思われるが、時として依頼者の自立性と尊厳を奪うものであって依頼者の求めている解決を遠ざけてしまうという批判がある。こういったタイプの弁護士は、相談者や依頼者を一般的に知的素養に欠け問題を感情的にとらえる存在として位置づけて、長期的な視点での問題解決ができないものと見なす傾向にあるとされる。それゆえ、自分たちが依頼者に代わって問題を解決してやるという姿勢が前面に出てきてしまうといった批判がなされている。コクランら（Cochran et al. 1999）によれば、権威者型の弁護士は、以下の手法を使って、相談者や依頼者をコントロールするとされている。

一つは、「依頼者の事件を変えてしまう」という手法である。具体的には、弁護士は、自分の不得意な領域の問題や法がうまく機能しない領域の問題に直面したときに、あくまでも法を適用し依頼者の利益のみを守るというよりも、あたかも調停人のように、法律家としての自分自身の利益や法制度の利益のために調整をはかり、依頼人の求めるものを、弁護士が必要と認めるものに変えてしまうのである。たとえば、消費者問題において、はじめはあきらかに詐欺と思えた問題が、事件の詳細を話し、依頼者の怒りが発散されたのちには、依頼者の誤解へと作り替えられるのである。

二つめの手法は、会話の内容や順番、構造を支配することによって弁護士の慣れ親しんだパターンに事件を変えてしまうといったやり方である。たとえば、依頼者が自分の話をしようとするとそれを遮り、弁護士の視点からの話を始める。依頼者が何を求めているのかを語る前に、あたかも反対尋問のごとく、依頼者を問いつめる。それによって、話題は弁護士にとって慣れ親しんだ法律の典型事例へと導かれることになる。この場合は真の意味での相談ではなく、依頼者は単に弁護士が示した選択肢からの選択を迫られるのみである。

三つめの手法は、法専門家としての内部情報を駆使するというやり方である。弁護士は、依頼者の意向に配慮するよりも、実際の裁判官や相手方弁護士が無能で配慮のないことを強調し、訴訟制度が負担過重で遅延していることを強調する。また、一般的なルールではなく、その地域のみに通用しているローカル・ルールを強調することによって、弁護士は教養ある依頼者でさえ知ることのできない司法の内部精通者として神秘的力をまとうことになる。それによって、法を適正に用いようとする依頼者を自らの支配のもとにおくというものである。

これらの批判は、かつてのアメリカの弁護士になされた批判である。しかし、今日の日本の弁護士に当てはまるところは少なからずあるのではなかろうか。相談者に接するにあたり、自分自身が無意識のうちにもこういった手法を用いていないか、十分に注意する必要があろう。

④　本書の目的とねらい

最後に、法律相談の技術を検討するにあたって留意しなくてはならないのは、一口に法律相談といっても、いろいろなパターンが存在する点である。状況別にみた場合にも、個々の弁護士がそれぞれの事務所において有料で１時間程度にわたって行い、継続相談もありうるような場合、公的なサービスとして20分程度の限られた時間で無料もしくは定額低料金で行われる場合、さらには、顧問契約を結んだ法人等との間で日常的に行われる相談などもある。また、相談内容に関しても、日常生活上の法律問題、企業間のビジネス問題といった大きな類型分けのほかに、離婚、セクシャル・ハラスメント、犯罪被害者の相談など、特殊な配慮を必要とする相談など、様々な分類が可能である。

しかし、面接技術を考える上で、これらすべての類型に対する対応を一挙に検討するのは混乱をまねく面がある。そこで、以下では、日常的な法律問題に関する、有償での、1回30分から1時間程度の法律相談を何回かにわたって行う場合の初回の面接を前提に、基本的面接技術を検討する。ここで初回の相談を念頭に面接技術を検討する理由は、そこが弁護士と相談者の間の信頼形成の第一歩となる重要な場面となるからである。まずは、そこにおける技術を基本形とし十分な理解を図るべきであろう。その後に、電話相談や市役所等において行われている20分程度の面接の場合、さらには特殊な相談内容の場合等は、その応用型として別途必要とされる技術について検討が加えられる必要があろう。

以下本書では、はじめに面接技法の訓練のポイントを示した後に(第2章)、各種の訓練手法についての解説を行う(第3章から第5章)。その後、具体的な事例をもとにした各種の技法の用い方の基本を提示する(第2部第1章から第4章)。さらに引きつづき後半では、応用型として、法律相談においてたびたび生じる対処の難しい事例への対応についての検討を行う(第3部第1章から第7章)。

法律相談の社会的重要性——法形成の入り口としての法律相談

法律相談は、弁護士や一般市民といった個々の存在を越えて、社会的にも重要な意義を有する。というのは、社会で利用される現実の法は、制定法とならんで、現実の紛争を通じて、判例法として形成される面があるからである。そのような、現実の法形成の入り口に位置するのが法律相談である。

たとえば、今日セクシャル・ハラスメントによる損害賠償が裁判で認められる例は決して珍しくない。職場にヌードポスターを貼っていれば、環境型ハラスメントとして認定される。しかし、10年前、20年前はどうであったろうか。同じ行為も権利侵害としては認定されていなかった。それが今日のような状況に至ったのは、多くの裁判例の積み重ねがあってのことである。そして、それは同時に訴訟の入り口である法律相談で、それらの問題が法律問題として取り上げられたがゆえの結果であるともいえる。もし、法律相談の段階で、弁護士に「そんなものは法律問題ではありません」と突き返されていたならば(現実にはそういった事例も数多くあったであろうが)、今日のような権利形成はなされなかったといえよう。

したがって、法律相談がよりよく機能し、潜在的な法的紛争を数多く吸収することが、社会的に必要とされている法の形成のための必要不可欠の基盤ともいえる。逆に、人々が法律相談を十分に利用しえない状況では、社会に存在する重要な法律問題を司法制度が認識しえなかったり、対応が遅れたりするといった事態が生じうる。この法律相談が持つ法形成の入り口といった社会的意義も決して小さなものではない。

参考文献

Binder, D. A., Bergman, P., & Price, S. C.　1991　*Lawyers as counselors: A client-centered approach.* West Publishing

Cochran, R. F., DiPippa, J. M. A., & Peters, M. M.　1999　*The counselor-at-law: A collaborative approach to client interviewing and counseling.* LesisNesis

（菅原郁夫）

第2章 面接技法の訓練ポイント

1 はじめに

“よい”法律相談とは、どのようなものであろうか。法の観点にもとづき、適正な判断を下すことができれば、それでよいのであろうか。そのようなものを優れた法律相談と見なすことができるのであろうか。

法律相談とは、「相談者が抱える問題事案を理解し、その事実に法規を当てはめて権利義務に関する判断をなすとともに、問題解決のための法的手続を教示し、必要に応じて代理人として受任する」(長岡2002、一部筆者による修正あり)と定義できるものである。

ここで注意しなければならないのは、相談者が提示した問題事案を聴取し、その事実に法規を当てはめて権利義務に関する判断を下すことが、単純に法律相談の目的ではないということである。なぜなら、後述するように、「問題解決のための法的手続を教示する」ということの中には、「問題解決のための相談を受ける」「相談者の問題解決の援助を行う」といった相談援助サービスとしての機能が含まれているからである。したがって、“よい”法律相談ということを考える場合、弁護士が一方的に「法律的な判断を下す」のではなく、「相談者である市民が主体的に問題を解決する過程において相談を受け、その問題解決の援助を行う」といった側面があることを忘れてはならないであろう。

この点とも関連していることであるが、“よい”ということは、どのような基準により判断するのかによって大いに異なってくるものである。そこで、上記の“よい法律相談とは”という問いについても、誰の、どのような基準に従うのかによって、答えは大いに異なってくる。法律学者の観点によるのか、法律実務の専門家である弁護士の観点によるのか、あるいは利用者である相談者の観点によるのかで、“よい” 法律相談についての考え方は、ずいぶんと違ったものとなるであろう。では、これまでの日本の法律相談は、どのような観点にもとづいて発展してきたのだろうか。

これまでの日本の法律相談は、少なくとも、利用者である相談者の観点を十分に考慮して発展してきたとはいえないであろう。なぜならば、法科大学院(ロースクール)の発足以前は、法律相談を相談者のニーズに応えるサービス活動として位置づけ、そのための教育を組織的に発展させるということがなかったからである。事案に関連する事実に法規を当てはめて権利義務に関する判断をするだけなら、法学および法律実務の知識と技法があれば、それでよいであろう。しかし、相談者のニーズに応えるサービス活動としての法律相談を実践するためには、相談面接(カウンセリング)の技法が必要となる。

これは、英語で法律相談に相当する語がリーガル・カウンセリング(legal counseling)であることからも裏づけられる。つまり、法律相談は、法律の専門家が相談者に法律判断を提示する活動であるだけでなく、法的知識を活用して、相談者が直面している問題を解決するのを支援する援助活動でもあるのである。したがって、相談者の視点を考慮した“よい” 法律相談を実践するためには、相談面接(カウンセリング)の技法訓練も併せて行う必要が生じることになる。

そこで、本章では、相談者の視点を重視する法律相談の面接訓練のポイントを解説することとする。まず第 2 節で、そのような法律相談とはどのような過程をたどり、どのような構造になっているのかを概説し、それとの関連で法律相談において必要となる技法を紹介する。第 3 節では、そのような法律相談の技法の訓練の必要性を説明し、そのための訓練方法を概説する。第 4 節では、法律相談の基礎技法である面接技法について解説する。

ところで、このような法律相談の考え方に対しては、“事案に関連する事実に法規を当てはめて権利義務に関する判断” をするだけでもたいへん難しい作業である上に、さらに相談面接(カウンセリング)の技法を修得することなど無理な話であると考える向きもあろう。この点については、法学の初学者である学生だけでなく、実務家である弁護士にあっても、同様の意見が出てくることが予想される。

しかし、法律的判断をすることと、相談者を援助することとは、決して相反することではない。むしろ、本章で解説するように、具体的な問題解決に向けて、弁護士と相談者が法律を活用し、問題解決に向けて協働作業をするならば、法律的な判断と相談者の援助は相互に補いあうものとなる。そして、法律的判断を相談者の援助という文脈に有効に位置づけることができたとき、法学や法律実務は、生活に根ざしたものとなり、より生きた形で法律を活用することが可能となるのである。

❷ 法律相談の技法

1 法律相談の過程と技法

法律相談は、あくまでも法律に関する相談である。心理相談でも、生活相談でもない。したがって、法律相談にあっては、相談者の抱える問題を解決するために“関連する事実に法規を当てはめて権利義務に関する判断”を示すことが中心作業となる。しかし、それを相談として行うためには、それ相当の面接技法、つまり相談面接(カウンセリング)技法が必要となる。

まず、事実に法規を当てはめて権利義務に関する判断をするためには、相談者が抱えている問題事案を聴取し、その事実を明らかにする必要がある。ところが、この問題事案に関連する事実を明らかにすること自体が、じつは非常に難しいのである。一般的には、相談者は、問題を抱えて困っているのだから、専門家である弁護士に何でも事実を話すだろうと考えても不思議ではない。しかし、実際には、それとは逆のことが多い。

問題の渦中にある相談者は、その問題状況に深く巻き込まれている。そのため、少なくとも問題を客観的に見ることができなくなっている。むしろ、問題に関わる中で、裏切られて心理的に傷つき、追い詰められて不信感を抱き、相談に訪れることが多い。あるいは、自分の権利を守るために防衛的になったり、逆にひどく攻撃的になったりしている。そのため、相手が専門家であっても、すぐに心を開いて何でも事実を語るということはできない。相談者は、面接の場が本当に安心できるところなのかを無意識に探る。そこで、弁護士には、相談者にとって面接の場を安心できるものとする相談面接の技法が必要となる。

また、弁護士としての権威をもって質問すれば、相談者は、法的判断をするのに必要な事実を語るはずだと考える向きもあろう。しかし、そのような権威的態度こそが、相談者が真実を語る障碍《しょうがい》になるのである。

相談者は、容易に人に話すことができない秘密を抱えている。これを話したら自分は不利になるのではと考え、疑心暗鬼になっている場合も多い。相談者は、弱い立場なのである。それに対して弁護士は、専門的な立場から、判断を下す者である。つまり、専門家として権威をもつ強い立場にある。相談者は、弁護士にその専門家としての力を借りるということになる。要するに相談者は、弁護士を頼りにする弱い立場にある。そこで、相談者は、表面的には強い立場にある弁護士の対応を批判したり、不満を漏らしたりすることはほとんどしない。ましてや、日本人は、公の場で権威ある人に対する批判を表立って口にすることは少ない。

しかし、疑心暗鬼になっている相談者は、その弁護士が本当に専門家として信頼できる人間なのかを、内心で値踏みしている。相談者は、弁護士を信頼できると感じて初めて話しにくい事実を語ることができるものである。逆に、権威を笠にきて、高圧的に質問するだけならば、相談者は、弁護士を信頼できないと内々に評価し、本当のところを語らない。自分を守るために情報を操作することもするであろう(ただし、そのような相談者の、弁護士に対する評価は、表立って弁護士に届くことはない。むしろ、相談を終えた後に「話を十分聞いてもらえなかった」という、つぶやきになるだけである)。したがって、権威を笠にきるのではなく、相談者との間で信頼関係を形成するため相談者の語りをしっかりと「聴く」という相談面接技法が必要となるのである(図 1)。

面接の場を安心できるものとする技法と、相談者との間で信頼関係を形成する「聴く」技法は、相談者が抱える事案に関する問題を共有するための技法につながる。相談者は、面接場面で安心し、弁護士を信頼することで、問題の背景を含めて事案に関する情報を積極的に提供する。それによって、弁

〈来談時における相談者の心理状態〉

紛争 ⇒ **疑心暗鬼** ⇒ **他者（弁護士を含む）への不信感**

「聴けない」＝信頼関係が形成できない ⇒ 一方的、断片的、防衛的な話が繰り返される ⇒ 弁護士がイライラしてくる ⇒ 相談者と弁護士の対立構造が生じてくる

「聴く」＝信頼関係の形成 ⇒ 話が展開する ⇒ よい情報をとる ⇒ 相談者と弁護士が判断形成の作業を協働して行う ⇒ 合意形成に進む

図１　相談者の語りを「聴く」技法の役割

護士と相談者は、問題解決に向けての協働作業を進める土台を形成することになる。これは、一見すると、権利義務に関する法的判断とは関係していないように思われる。しかし、この協働作業の土台がないと、次の、権利義務に関する法的判断に向けての情報の収集の作業に適切に進むことができない。無理をして進んだとしても、それは、かなり限られた情報に基づく判断形成となり、偏った、不十分な判断内容とならざるをえない。そもそも判断形成をするのに必要な情報を集めることができない場合も生じる。その点で問題を共有するための「聴く」技法は、法律相談の基盤を築く重要な技法なのである。

問題事案に関する情報の共有ができたなら、次に法的判断形成に向けての情報の収集の段階に進む。問題の共有の段階では、「どのようなことでお困りですか」という形で、基本的に相談者が語る問題を弁護士が「聴く」という関係であった。それに対して情報の収集の段階では、弁護士の側で、法的判断を形成するための情報を得るために訊く、つまり積極的に質問をしていくことになる。ここでは、必要な事柄を適切に「訊く」ための相談面接技法が必要となるのである。

専門家に相談せざるをえない問題に至るということは、そこに多種多様な要因が絡みあっているということである。たんなる法律的な権利義務要因だけでなく、心理感情的要因、家族関係的要因、経済的要因、さらには歴史的要因等が複雑に関連し、そこに様々な利権争いや葛藤が重なりあって問題が形成されている。たとえば、遺産相続のことで来談した若い夫婦の問題に、

3 世代前から続く隣家との境界線の争いや親族内対立が絡んでいることなどは、しばしばみられることである。相談者自身も、問題の全貌を把握していない場合がほとんどである。ましてや、心理的に混乱していたり、知的能力に障害があったりする場合には、的確な情報を提示すること自体が困難となる。したがって、相談者の状態に合わせて問題を整理しつつ、法的判断形成に向けて適切な情報を収集する相談面接技法が必要となる。

その際、提示された事案を法律的問題とすることが妥当であるのかという、事件性の判断が必要となる。そして、事件性が認められたならば、要件事実を確認するための情報を収集していく。この段階で、得られた情報を法規に当てはめて権利義務に関する法的判断を形成する技法が必要となる。また、それと並行して相談者の側の解決法についてのニーズを確認していくことも必要となる。そして、事実にもとづく法的判断と相談者のニーズを勘案し、問題についての法的解釈と具体的解決法を作成することになる。したがって、ここでは、事実に基づく法的解釈と相談者のニーズを総合して問題解決の具体的方法を作成する技法が必要となる。これは、相談者と弁護士の協働作業によって達成されるものである。

最後の段階として、作成された問題解決の方法を相談者に提案し、合意を形成することが課題となる。具体的には、相談者に法的な説明をし、問題解決の方法についての選択肢を提示し、理解を得る作業を行う。したがって、ここでは、的確に情報を伝達する相談面接技法が必要となる。これは、相談者と弁護士の協働作業の成果を確認するものである。

2 法律相談の構造と技法

以上に示した法律相談の過程について、段階を追って進むものとして法律相談の過程をとらえ、それを構造として整理したものが図 2 である。さらに、図 2 の段階の中で法的判断形成を中心に整理したものが図 3 である。

① 法律相談の段階的構造

図 2 からわかるように法律相談は、全体として「問題の共有」「情報の収集」「法的判断形成」「合意の形成」の 4 段階から構成されている。ただし、第 2 段階の「情報の収集」と第 3 段階の「法的判断形成」は、並行して循

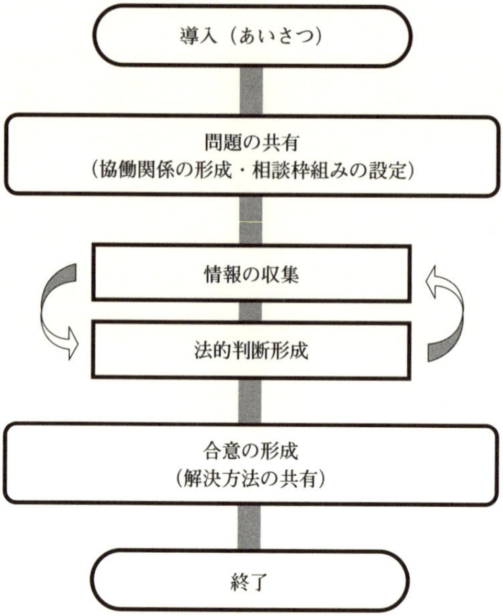

図２ 法律相談過程の段階的構造

環的に行われるものである。したがって、全体としては、3 段階から構成されているとみることもできる。

なお、ここで注意していただきたいのは、「問題の共有」→「情報の収集⇄法的判断形成」→「合意の形成」と単純に一方向に、不可逆的に進むものでもないということである。いずれの段階においても相談者と弁護士の協働関係が基礎となって作業が進む構造となっている。したがって、第 2 段階から第 4 段階に至るまでの過程で何らかの齟齬《そご》が生じたならば、相談者のニーズをていねいに聴きなおすという第 1 段階の作業に戻ることも必要となる。つまり、あくまでも相談過程は、第 1 段階の「問題の共有」が基盤となって成立する構造となっているのである。また、適切な判断を形成したり、解決法を説明したりするのに十分な情報が欠けているといった場合には、前の段階に戻り、必要な作業を再度行う。このように法律相談の過程は、必要に応じて以前の段階を再確認しつつ前進するという循環的構造になっているのである。

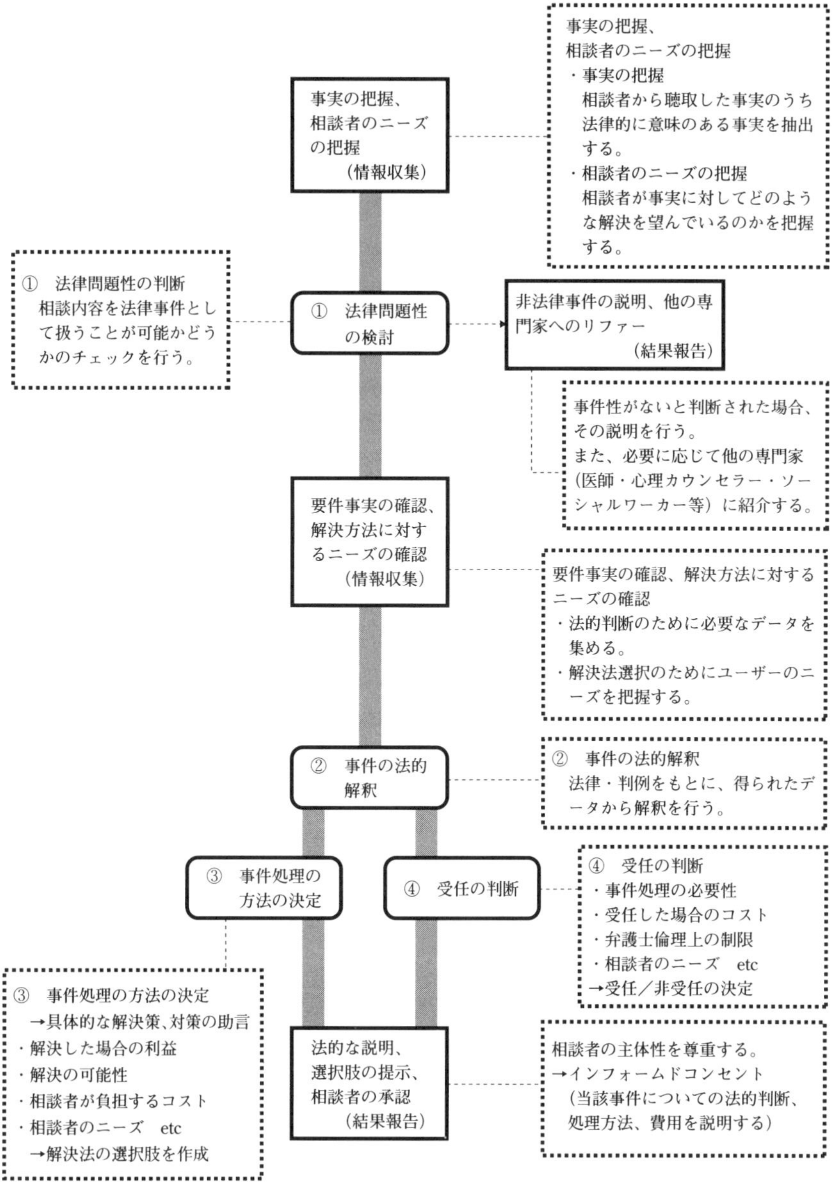
事実の把握、相談者のニーズの把握（情報収集）
事実の把握、相談者のニーズの把握
・事実の把握　相談者から聴取した事実のうち法律的に意味のある事実を抽出する。
・相談者のニーズの把握　相談者が事実に対してどのような解決を望んでいるのかを把握する。
① 法律問題性の判断　相談内容を法律事件として扱うことが可能かどうかのチェックを行う。
① 法律問題性の検討
非法律事件の説明、他の専門家へのリファー（結果報告）
事件性がないと判断された場合、その説明を行う。また、必要に応じて他の専門家（医師・心理カウンセラー・ソーシャルワーカー等）に紹介する。
要件事実の確認、解決方法に対するニーズの確認（情報収集）
要件事実の確認、解決方法に対するニーズの確認
・法的判断のために必要なデータを集める。
・解決法選択のためにユーザーのニーズを把握する。
② 事件の法的解釈
② 事件の法的解釈　法律・判例をもとに、得られたデータから解釈を行う。
③ 事件処理の方法の決定
④ 受任の判断
④ 受任の判断
・事件処理の必要性
・受任した場合のコスト
・弁護士倫理上の制限
・相談者のニーズ　etc
→受任／非受任の決定
③ 事件処理の方法の決定
→具体的な解決策、対策の助言
・解決した場合の利益
・解決の可能性
・相談者が負担するコスト
・相談者のニーズ　etc
→解決法の選択肢を作成
法的な説明、選択肢の提示、相談者の承認（結果報告）
相談者の主体性を尊重する。
→インフォームドコンセント
（当該事件についての法的判断、処理方法、費用を説明する）

図 3　法的判断形成を中心とした法律相談の過程

（菅原・岡田（編）2004, p. 178 より）

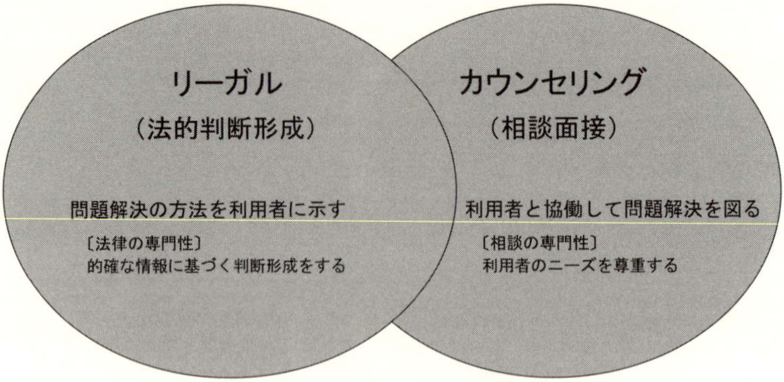
リーガル
（法的判断形成）
問題解決の方法を利用者に示す
〔法律の専門性〕
的確な情報に基づく判断形成をする
カウンセリング
（相談面接）
利用者と協働して問題解決を図る
〔相談の専門性〕
利用者のニーズを尊重する

図4　法律相談の機能的構造

② 法律相談の機能的構造

次に法律相談の構造を、機能の観点から説明する。法律相談（legal counseling）は、前述したように、法律（legal）に関連する機能と、相談（counseling）に関連する機能から構成されている（図4）。

法律に関連する機能は、情報に照らして的確な法的判断形成をすることを目的とする。そのために、情報を分析して、的確な法的判断を形成する機能が重要となる。ここでは、まさに法に関する知識と実務の専門性が問われることになる。

それに対して相談に関連する機能は、相談者と協働して問題解決を図ることを目的としている。そのためには、相談者のニーズを尊重し、問題解決法についての合意形成をするために、適切な情報の収集と伝達をする相談面接の機能が重要となる。ここでは、カウンセリング、あるいはそれを包含するものとしての臨床心理学の知識と技法が求められることになる。

このように法律相談は、機能の観点からは「法的判断形成」と「相談面接」という二つの機能から構成されている。そして、前者は法学と、後者はカウンセリング（臨床心理学）という学問と関連する。この両者は、ともに人間が抱える問題の解決に向けての学問である。しかし、そのアプローチには、対照的な面がある。

法学では、個人は基本的に権利・義務の主体として抽象化され、その限りで個人の個性や感情は二次的に考慮されるものの、その個人を超えた社会一

表 1　法律相談で必要となる技法

（1）「法的判断形成」機能
法的判断を形成する技法
問題解決の具体的方法を策定する技法

（2–1）「相談面接」機能（法律相談の土台を作るために）
面接の場を安心できるものとする相談面接技法
相談者との間で信頼関係を形成するための相談面接技法

（2–2）「相談面接」機能（法的判断形成を促進するために）
問題を共有するための相談面接技法
法的判断形成に向けて適切な情報を収集する相談面接技法
情報を伝達する相談面接技法

般に通じる規範としての法律に照らして合理的、整合的解決を目指す。それに対してカウンセリング(臨床心理学)は、問題解決にあたって個別の心理的存在である個人の内面に注目し、その心理状態に共感することをとおして、相談者個人の主体的な問題解決を援助する。

このように二つの機能は、学問的観点からみると、図 4 に示すように質の異なる面と重なる面の両面をもつことになる。そして、両者が相補うことによってはじめて法律相談は、総合的な機能をもつことが可能となる。法的判断形成の技法に優れていても、相談者から適切な情報を収集し、法的判断を相談者に的確に伝達できなければ、問題の解決に向けての貢献はできない。逆に相談面接技法に優れていても、的確な判断形成ができなければ、そもそも法律相談は成立しえない。

法律相談で必要となる技法を機能の観点から整理すると表 1 のようになる。ここで注意したいのは、相談面接機能には、2 種類あるということである。まず、相談者との協働関係を形成し、法律相談の土台を構築するための相談面接機能(表 1 の 2–1)である。このような土台があってはじめて法的判断形成の機能が適切に作用することになる。次に、そのような法的判断形成の機能を促進させるための相談面接機能(表 1 の 2–2)がある。

このような構造からもわかるように、法律相談にあっては、あくまでも法的判断形成が中心機能としてあり、それを補佐するものとして相談面接機能があるという位置づけとなっている。

❸ 法律相談の技法訓練

1 技法訓練の必要性

法律相談は、たんに人柄が良く、思いやりがあるだけでできるというものではない。では、法律の知識があればよいのだろうか。これまでの議論からわかるように、法律の知識があることと法律相談を適切に遂行することとは、同一というわけではない。法学の大家が、必ずしも法律相談の名手ではないのである。むしろ、法律の知識を単純に適用しようとすることが、事態を混乱させる危険性さえある。では、法律実務を学んでいればよいのだろうか。これも否である。なぜなら、これまでの日本で行われていた法律実務は、基本的に裁判に関連する手続を遂行するための技法を扱っていたからである。それに対して法律相談は、あくまでも相談者へのサービス活動であり、そのための特有な技法が必要となる。

上述したように法律相談を遂行するためには、法的判断形成のための技法だけでなく、相談面接の技法も併せて習得する必要がある。また、その両者を組みあわせ、相談者と協働して、問題の法的な解決法を探っていく技法も求められるのである。

2 社会からの要請に応える

法的判断形成の技法は、関連する法的知識を案件に適用するという点で、それ自体高度な法律実務の技法である。近年に至り、社会の変化とともに弁護士業務は多方面に拡大・深化している。たとえば、離婚や相続、近隣紛争、多重債務、交通事故、労働災害、医療事故、高齢者問題、セクシャル・ハラスメント、ドメスティック・バイオレンス、犯罪被害など多様な問題が持ち込まれる。したがって、このような多様な案件に対して適切な法的判断形成をするためには、ますます専門的で高度な知識と技法を要するようになっている。

さらに、このような多様な問題については、法律にもとづく合理的判断のみによる解決は困難であり、法知識の提供以上に相談者の心理に関する理解と配慮が求められるようになっている。また、規制緩和や情報公開という時代の流れの中で、市民の側でも法律問題がこれまでよりも身近な問題となってきており、その市民の要請に応えるためにも法律相談におけるサービスの質の向上が求められている。この点においても、問題を抱えた相談者との間で協働関係を形成する相談面接技法が強く求められるようになっている。

法的判断形成の技法と相談面接技法のそれぞれが高度な技法であるうえに、法律相談を的確に遂行するためには、その両技法を組みあわせて相談活動を展開させる技法も必要となる。この両技法を組みあわせて法律相談を遂行するのには、非常に高度な技法を要する。実際の相談場面では、個々の相談の内容に応じて、あるいは相談者の状態に応じて、臨機応変に対応を変えていかなければならない。前節で法律相談の過程と構造を確認したが、案件によってそれぞれの段階や機能の遂行の難易度が異なってくる。相談内容や相談者の状態によっては、情報の共有からして非常に難しい場合がある。あるいは、問題の共有は比較的容易であるが、法的判断形成になると、一向に先に進めなくなるという案件もある。最後の合意の形成がどうしてもできないという場合もある。

このように法律相談にあっては、全体の過程や構造の観点から、対応の難しい課題を把握し、それに的確に対処するための介入をしていかなければならない。そして、そのために、法的判断形成の技法と相談面接技法を組みあわせて、個々の課題に的確に対処する技法も必要となる。したがって、現代社会の要請に応えて法律相談を遂行するためには、法律相談に特有の技法を修得することが必要となるのである。しかも、それは、相当に高度な技法である。そこで、そのような技法の学習を保証する組織的な訓練が必要となる。

ところで、あなたは、これまで法律相談の訓練を受けたことがあるだろうか。自分自身の面接技法を評価し、改善していくためのポイントを把握できているだろうか。既述したように、これまで日本の多くの弁護士は、経験主義で自己流に面接技法を学んできたといえる。しかし、それが、真の意味で利用者のためになっていたのかは、疑問である。スポーツなどとも同様に、正式な技法を学習せずに、ただ自己流のやり方を繰り返しているだけでは、能力の向上には結びつかない。ポイントを押さえた訓練が必須なのである。そして、訓練をすれば、必ず技法は上達する。以下、そのための訓練方法について概説する。

3 訓練の方法

日本における旧来の法曹養成課程において主要な役割を担っていた司法研修所の教育では、法理論の学習と裁判技法の基礎の習得に主眼が置かれており、契約書や法律意見書の書き方といった裁判手続から離れた法律実務技法の教育は十分になされていなかった。ましてや、法律相談の教育に至っては、非常に少なかった。これまでは、法律相談の教育を含めて、法律実務教育は、現場に出た後のオン・ザ・ジョブ・トレーニングによって行われており、実務技法の修得は個々の弁護士の努力に任されていた。

しかし、近年に至り、社会の変化とともに弁護士業務は多方面に拡大・深化し、それに伴って法律相談におけるサービスの質の向上が求められるようになっている。なかでも法律相談は、市民が法律業務に触れる窓口であることを考えるならば、法律相談の技法は、弁護士がまず習得しなければならない技法といえる。米国においては、具体的な相談、交渉、紛争解決などの実務訓練として、広く弁護士業務に関連するものを対象とするローヤリング (lawyering) が発展してきている (Binder, Bergan, & Price 1991: 岡田 2002)。法律実務に対する社会的要請が増し、それに応えて司法制度を大きく変えつつある日本においても、このようなローヤリングを正式な法学教育の一環として充実させていくことが緊急の課題となっている。

一般的に専門教育は、講義 (lecture)、演習 (seminar)、実習 (practicum) の三つに大別できる。講義は、理論や知識の伝達である。実習は、活動をとおして実践技法を体験的に習得する方法である。演習は、指導者と少人数の学生とのやりとりをとおして理論や知識を具体的に習得する方法であり、講義と実習の中間にあって両者をつなぐものである。研究中心のアカデミックな学問では、講義や演習が中心となる。それに対して法律相談のような実践活動の教育では、実習が中心となる。実習方法としては、体験学習、シミュレーション学習、観察学習、事例検討会、スーパービジョン、コンサルテーションインターンシップ、などがある。

これらの実習方法は、「教育機関内実習」と「現場実習」に分かれる。体験学習やシミュレーション学習は、教育機関の内部における実習となる。それに対して、実際の事例を担当する場合は、教育機関の外部、つまり現場での実習が前提となる。事例検討会やスーパービジョンは教育機関の内部研修として行うことができても、実際に事例を担当するのは法律事務所や法律相談所などの現場においてである。インターンシップは、教育機関が運営するものであるが、実際の実習は現場で行うものとなる。

4 訓練システムの形成

法律相談のような実務教育においては、最終的には現場で活動できる実践技法を習得することが目的となる。したがって、実習では、現場での研修の占める割合が多くなる。そのため、教育訓練システムを構成するにあたっては、法科大学院や司法研修所の教育機関と現場の法律事務所との間で、教育訓練システムの確立に向けて連携体制を強化していくことが重要なテーマとなる。

なお、実習の種類としては上述したように様々な形態があるが、いずれにおいても重要となるのが、厳格な評価を行うことである。弁護士の社会的責任を考えるならば、学習や実習の評価を厳密に行い、専門職として適性を欠く者に対してはその点を明確に指摘しなければならない。また、これと関連して、法律相談は、利用者のプライバシーに深く関わるものであるので、秘密の保持などの倫理教育を十分に行っておく必要もある。

以下、「教育機関内実習」と「現場実習」に分けて実習の方法についての簡単な紹介を行う。教育機関内実習は、実際の相談事例を担当する以前の実習である。現場実習は、実際の相談事例を担当し、その経験にもとづく実習である。実習の段階としては、教育機関内実習から次第に現場実習に移行し、最終的には現場での実践に対応できる最低限の相談能力を養成することが目的となる。

① 教育機関内実習

「**体験学習**」——実践の基礎となる現場の環境を経験するための実習である。裁判所や刑務所などの法律関連施設における見学または体験的活動参加、福祉関連施設などでのボランティア活動など、法律相談が関与する社会的現実を体験的に知ることが目標となる。

「**シミュレーション学習**」——実際の相談活動を始める準備として最初に行う実習である。形態としては、ロールプレイ、模擬法律相談、試行的法律相談がある。ロールプレイは、実習生がお互いに相談者役と弁護士役をとって役割演技として法律相談を体験する。模擬法律相談は、相談内容を詳しくシナリオとして作成し、それを演じるボランティアの人を対象として、模擬的に法律相談を練習するものである。試行的法律相談は、実習であることの了解を得た上で一般の人を対象とした法律相談を試行的に行う。いずれの場合も、テープ（IC）レコーダーあるいはビデオなどによって相談場面を録音(録画)し、そこでの会話のプロトコルや経過記録を作成し、それにもとづいて技法の見なおしを行い、改善点を明らかにする。これによって、相談面接技法の中心にあるコミュニケーションの技法訓練が可能となる

「**観察学習**」——現場で仕事をする弁護士の、実際の法律相談に記録係や助手の身分で陪席者として参加し、活動の実際を直接体験し、学習する。

② 現場実習

「**インターンシップ**」——法律事務所の活動に研修生として参加し、可能な範囲内で相談事例に参加する。そのような形で実務活動に参加することをとおして、現場の弁護士活動全体において法律相談の占める位置づけとその意義について学習する。相談事例を担当する場合には、次に示すように、上級者からスーパービジョンおよびコンサルテーションによって管理指導を受けることが条件となる。

「**事例検討会**」——担当した相談事例の経過を複数のメンバーで検討し、相談面接の進め方、つまりケースマネジメントの技法を中心に、法的判断形成の技法の見なおしと改善を目標とする。

「**スーパービジョン**」——比較的初級者が、上級者(スーパーバイザー)からの、担当した相談事例についての個別指導を定期的に受け、事例の理解を深

めるとともに法律相談を適切に運営する技法の改善・発展を目指す。上級者は、初級者の相談活動を管理・指導し、それをとおして活動の適切な遂行をサポートする。それとともに、適切な助言を与えることで初級者の技法向上を図り、専門家としての成長発達を促すことを目標とする。

「コンサルテーション」——担当している事例においても何らかの問題が生じた場合に、上級者(コンサルタント)に指導を受け、当座の問題の解決を図る。これは、定期的な指導ではなく、問題が生じた場合に適宜受ける指導教育となる。

4 法律相談の面接技法

1 相談面接の技法

法律相談の技法は、「法的判断形成の技法」と「相談面接の技法」から構成されていることは、既述したとおりである。本書は、全体としてこの両者を解説するものである。ただし、「法的判断形成の技法」については、第2部以下において、事例検討をとおして詳しい解説がなされる。そこで、本節では、「相談面接の技法」に焦点を絞って解説することとする。

相談面接の基礎技法に相当するのが、いわゆる心理カウンセリングの技法である。そこで、相談面接の基礎技法の訓練を考えるにあたって、まず心理カウンセリングとは何かを確認することから始める。下山（2002）では、カウンセリングは次のように定義されている。

> カウンセリングとは、援助を求めている人々(相談者)に対する、コミュニケーションを通じて援助する人間の営みである。その際、援助者(カウンセラー)は、一定の訓練を通じて、相談者との間に望ましい固有な対人関係を確立することが可能であることが要請される。この関係が要因として働き、現存する精神面や身体面や行動面における症状や障害の悪化を阻止し、あるいはそれを除去し、変容させるだけでなく、さらに積極的に、パーソナリティの発展や成長を促進し、より一層の自己実現を可能にし、その個人としてのありようの再発見ないし発掘を可能にする。

表2　調査面接と臨床面接

調査面接【例：診察　尋問　面接試験　人事面接】

- 「訊く」ことが中心
- 話を引き出す。情報を集める
- 半構造化面接
- 被面接者の知識や意識を対象に
- 主導権は専門家の側に
- 専門家は、情報収集し、判断する立場
- 専門家の指導、管理、選別のための面接

臨床面接【例：心理カウンセリング　心理療法】

- 「聴く」ことが中心
- 語りに耳を傾ける。語りを生み出す
- 非構造化面接
- 日頃意識していない経験、感情、秘密もテーマに
- 主導権は利用者の側に：この人に語ろうという信頼感
- 専門家は、利用者が語るのを援助する立場
- 利用者が気づき、自信をもち、判断し、行動するのを援助するための面接

このような定義からわかるように、心理カウンセリングとは、相談者の問題解決を援助するコミュニケーションの技法ということになる。しかも、それは、相談者との間に望ましい対人関係を確立することが要請されるような特別な“コミュニケーション”の技法であり、訓練を通じて獲得されるものということになる。そこで、次に心理カウンセリングに特有なコミュニケーションの技法とは何かということがテーマとなる。このテーマを考えるにあたっては、コミュニケーションによって成立する面接には、大きく分けて調査面接と臨床面接の二種類あることに注目したい(表2を参照)。

① 調査面接

調査面接とは、専門家が相談者に質問をすることで必要な情報を得るため

の面接である。そこでは、相談者に話をさせて必要な情報を収集する機能としての「訊く」(asking)コミュニケーション技法が求められる。それによって得られる情報は、相談者がすでに意識できている事実や知識で、しかも相手の質問に応じて話してもよいと思える情報である。このように調査面接では、何が必要な情報かについて判断する主体は、専門家にある。専門家は、相談者に話をさせることによって面接を進める。したがって、面接を進める主導権は専門家側に存在することになる。調査面接では、専門家が相談者を指導し、管理するためのコミュニケーションが中心的役割を果たすことになる。

② 臨床面接

それに対して臨床面接は、専門家が相談者の語りに積極的に耳を傾けることによって、相談者の主体的な語りを新たに生みだすための面接である。そこでは相談者の主体的な語りを生成する機能としての「聴く」(listening)コミュニケーション技法が必要となる。それによって得られる情報は、相談者自身でも気づいていなかった事柄や、聴き手を信頼しなければ語れないような内容の情報となる。このような臨床面接において、面接で扱う内容を判断する主体は、あくまでも相談者ということになる。つまり、相談者が、この専門家にはこの内容は語ってもよいと判断したことが面接の主題となるのである。そこでは、専門家と相談者の間の信頼感が基本となって面接が進行する。したがって、臨床面接では、専門家は相談者の表現を援助する立場となり、相談者の語りを援助するためのコミュニケーションが中心的役割を果たすことになる。

③ 相談面接

通常、面接は、訊くコミュニケーションと聴くコミュニケーションを組みあわせて行う。心理カウンセリングや心理療法などの相談面接では、臨床面接が中心となる。例えば、心理カウンセリングにおいては、「聴く」コミュニケーションをとおして相談者に共感的に理解していることを伝え、相談者との間に信頼関係を確立し、問題解決を図る。

逆に、警察・司法領域での尋問や医学の診断治療のための面接は、基本的

表３　法律相談を支える発想と態度

相談者を援助する発想

- 相談者に対する肯定的配慮：専門家の枠組みで相談者を判断しない。まずは相談者(のニーズ)を尊重する。

相談者の気持ちを聴く姿勢（相談者と協働する姿勢）

- 共感的理解：利用者の立場にたって話を聴く。知的理解だけでなく、感情レベルも含めて訴えを聴く。

には調査面接となっている。つまり、事件を立件するための尋問、あるいは医学的治療をするための問診では、必要な情報を収集する「訊く」コミュニケーションが中心となる。

したがって、相談面接は、臨床面接の技法を中心として、適宜調査面接の技法を組み入れて相談者とのコミュニケーションを構成していくということになる。

2 法律相談の面接技法を学ぶために

① 法律相談に対する認識の変更

日本では、これまで法律相談の教育訓練が十分に組織立てて行われてこなかったことはすでに指摘した。そのこととも関連して、弁護士の中には、「相談者は、専門家である弁護士の言うことを聞いていればよい」という意識をもって法律相談にあたっている者も少なからずいると推測される。しかし、これまでの法律相談の技法に関する議論からわかるように、そのような認識は適切ではない。むしろ、相談面接の技法の観点からいえば、話を聞かなければならないのは、相談者ではなく、弁護士の方なのである。

この点を考慮した場合、本書で目指すことは、たんなる技法訓練だけではなく、法律相談についての認識の変更も含まれていることになる。専門家である弁護士が、利用者である相談者の観点を取り入れることが重要となる。その結果として、利用者である相談者との協働作業として法律相談を進めるという認識をもつことが可能となる。法律相談の訓練をたんなる技法訓練に終わらせてはならないのである。そのためには、法律相談の訓練を始めるにあたって、表 3 に示すような発想を学ぶことが重要となる。そして、それは、法律相談を支える基本的態度となる。

② 聴く技法の必要性

では、具体的に相談者と協働し、問題解決の援助をするには、どのような技法を活用すればよいのだろうか。そして、そのような技法を習得するには、どのような訓練が必要なのであろうか。この点に関しては、上記の議論からわかるように、弁護士の側が、相談者の話を「聞く」（聴く＋訊く）技法を学ぶことがまず必要となる。

この「聞く」技法に関しては、当然のことながら、弁護士は、法的判断形成をすることを目指して情報収集を急ぐことになる。そのため、「訊く」ことを急ぎがちである。しかし、それが、法律相談を進める上で落とし穴になることが多い。既述したように相談者は、何らかの紛争に関わって来談するのであり、疑心暗鬼になっている。そのため、面接の場では不安になっており、専門家であるといっても、手放しに弁護士を信頼して何でも語るということはない。そこで、弁護士の側で信頼関係の形成をしないまま、「訊く」作業を急ぐならば、相談者が不安状態であるということも相まって、断片的、防衛的な話が繰り返される可能性が高くなる。そうなると、弁護士の側でも法的判断形成のために必要な情報を収集できなくなり、焦りやいら立ちが出てきて、相談者と弁護士の間に隠れた対立構造が生じやすくなる。そうなると、面接は空回りしてしまい、的確な法的判断形成ができなくなってしまう（第 1 部第 1 章 1 節および、本章の図 1 を参照のこと）。

逆に相談者の語りをていねいに「聴く」作業を最初にしておくと、信頼関係が成立し、微妙な話題も含めて相談者の話が展開し、豊かな情報を得ることが可能となる。その結果、判断形成の作業を協働してできるようになる。しかも、それは、問題解決法についての合意形成に自然とつながることになる。このように聴く作業は、一見すると法律相談の中心課題である法的判断形成と関連がないようにみえて、じつは、法的判断形成を的確に、しかも迅速に進める上で必須な技法となっているのである。

表４ 「聴く」技法を構成するコミュニケーション技法

- **雰囲気作り**

  あいさつ。適度な相づち。アイコンタクト。適切な間《ま》。

- **反 射**

  相手の語った発言を気持ちの流れに沿って繰り返す。

  例：「〜なんですね」「〜というお気持ちなんですね」

- **明確化**

  相手の語った内容を要約し、語りの要点を明確化する。語ろうと意図していたと推測されることも伝える。例：「お話しされようとしたことは〜なんですね」

- **純粋性（自己一致）**

  相手の語りを聴いていて感じたことを伝える。

  例：「お話をお聴きしていて、私としては〜という感じがしました」

- **解 釈**

  相手の語った事柄の意味や理由についての解釈を伝える。

  例：「〜したのは、〜だからなんですね」

③ 聴く技法の本質

では、聴く技法は、具体的にどのようなコミュニケーションによって成立するのであろうか。聴くことは、たんに相手の語りに耳を傾けていればよいというものではない。聴くことは、語りを聴いて理解したことを語り手に伝え、語り手がそれを受けて自己の表現したことを理解してもらえたと感じてはじめて成立するものである。相手が自分の気持ちを理解してもらえたと感じてはじめて聴くことができたといえるのである。語り手は、自分の表現したことを理解してもらえたと感じることで、さらに語りを深めていく。聴くことは、このようにして相手の語りを生みだしていく技法ということになる。

したがって、聴く技法としては、語られた内容を的確に理解し、それを伝えることが基本となる。その際、ただたんに語られた内容を知的に理解するのではなく、語り手の気持ちの動きを共感的に理解することが重要となる。語りは、語り手がいまだ明確に意識できていない感情的な体験（気持ち）をことばにしていく過程を含むものである。そのため、語りを生みだすためには、言葉として明確に語られた内容だけでなく、語りをとおして暗々裏に伝わってくる語り手の感情的な体験(気持ち)を汲み取り、それを伝え返していく共感的コミュニケーションが重要となるのである(下山 2000)。

④ 聴く技法の訓練

このような共感的コミュニケーションを成立させる技法を表 4 に整理した。このような技法を用いて、面接場面、とくに面接の初期の段階で相談者との間で信頼関係を形成することが重要となる(詳しくは第 2 部第 2 章を参照のこと)。共感的コミュニケーション、つまり聴く技法を上達させるためには、教育機関内で実施するロールプレイにおいてコミュニケーションの記録を録音・録画し、その応答を細かく見なおし、必要に応じて修正していく訓練が有効である(詳しくは第 1 部第 3 章を参照のこと)。その際、相談者役の意見を聴くことで、自らの応答がどれほど共感的であったか(あるいは共感的でなかったか)をチェックすることができる。また、訓練生は、自らが相談者役をとることによって、共感的に話を聴いてもらうことが、いかに専門家との信頼感に形成に関わっているのかを体験的に知ることもできる。

5 おわりに

本章では、法律相談の技法訓練のポイントを、技法という観点から概説した。本章で述べたように法律相談は、基本的には「問題の共有」「情報の収集」「法的判断形成」「合意の形成と共有」の四つの段階を経て進む、特有の過程をたどるものである。そして、その過程を機能的に進めるためには、それ相当の技法を必要とする。表 5 に、本書で解説した技法を、それがどのような法律相談の要素と関わるのかを含めて整理した。これらの技法を具体的にどのように用いるかについては、第 2 部で解説されることになる。

以上の点をふまえて技法の訓練システムを構成することにより、法律相談の質は必ず向上する。本書は、そのような訓練方法の理論と実際を解説するものである。本章で論じたポイントは、本書の後続の章でそれぞれさらに詳しく、しかも具体的に解説されることになる。学習初期に行うシミュレー

表 5 法律相談を構成する要素と技法

- **聴く技法**——安心感と信頼感の提供、相談者のニーズ確認、協働関係の形成
- **訊く技法**——情報収集、事実把握、不明点の探索
- **判断形成技法**——事件性の検討、問題の法的解釈、判断形成
- **伝達技法**——情報提供、法的説明、選択肢の提示、確認、合意形成

ション学習であるロールプレイの方法について第 1 部第 3 章で解説される。ロールプレイや模擬法律相談を行う際にシナリオを作成するための題材として活用できる資料については、第 4 部に示されている。法律相談の技術訓練の中心となる事例検討会の方法については第 1 部第 4 章で解説される。5 章では、事例検討会で事例を見なおす際のポイントが示される。法律相談のさまざまな技法については、相談のプロセスに沿って第 2 部の各章で詳しく解説される。さらに第 3 部では、実際の法律相談で問題となることが多い事例場面が取りあげられる。そこでは、事例検討の実際がコンパクトに例示される。それをとおして法律相談の技術が具体的に解説される。

参考文献

Binder, D. A., Bergan, P., & Price, S. C. 1991 *Lawyers as counselors: A client-centered approach.* West Publishing

長岡壽一　2002　法律相談の現状と課題　菅原郁夫・下山晴彦(編)　21 世紀の法律相談 : リーガルカウンセリングの試み　至文堂　41–49

岡田悦典　2002　アメリカにおけるリーガルカウンセリングの理論　菅原郁夫・下山晴彦(編)　21 世紀の法律相談 : リーガルカウンセリングの試み　至文堂　81–91

下山晴彦　2000　心理臨床の基礎 1 : 心理臨床の発想と実践　岩波書店

下山晴彦　2002　カウンセリング的法律相談の可能性　菅原郁夫・下山晴彦(編)　21 世紀の法律相談 : リーガルカウンセリングの試み　至文堂　50–60

菅原郁夫・岡田悦典(編)　2004　法律相談のための面接技法 : 相談者とのよりよいコミュニケーションのために　商事法務

(下山晴彦)

第3章 ロールプレイの方法

1 法律相談の訓練におけるロールプレイの意義

ロールプレイとは、ここでは、仮設の相談事例を題材とし、受講者がお互いに相談者役および弁護士役となって、模擬法律相談を行うことをいう。場合によっては、インストラクターその他受講者以外の者が相談者役となることもある。前章で述べられているとおり、法律相談の訓練方法としては、観察学習、シミュレーション教育およびインターンシップがある。ロールプレイは、このうち、シミュレーション教育に属するものである。

本章では、法律相談面接技法の訓練方法としてのロールプレイの意義およびその具体的な方法(やり方)について概観する。なお、本章で紹介するロールプレイのやり方は、あくまでも一つの例として提示するものであり、本章のやり方が唯一のものである、あるいはスタンダードであるという趣旨ではない。

2 ロールプレイによる訓練のテーマ

1 法律相談において要求される主要技法

前章において述べられているとおり、法律相談において要求される主要技法は、「聴く技法」「訊く技法」「判断形成技法」および「伝達技法」の4種類に分類できる。法律相談の訓練であるロールプレイにおいても、基本的には、これらの主要技法を理解し、かつ修得することを、訓練のテーマとすべきことになる。

2 ロールプレイにおけるテーマ設定のあり方

ロールプレイの過程は、仮設事例の状況設定を前提として、実際の法律相談の流れをシミュレートするものであるから、原則として、ロールプレイは、これを法律相談において要求される４種類の主要技法のすべてを訓練するものとして利用することが可能である。すなわち、ロールプレイは、上記４種類の技法のすべての理解・修得ということをテーマにすることができる。

また、仮設事例についての模擬法律相談であるというロールプレイの特長を生かして、法律相談の主要技法のうちのいずれかを重点的に訓練するというようなテーマの設定のしかたも可能である。たとえば、後記のとおり、弁護士役にも事前に事案の概要を把握させた上でロールプレイに臨ませることなどによって、「聴く技法」に重点を置いた訓練を行い、また、事実関係がやや複雑な仮設事例を使うことによって、「訊く技法」に重点を置いてロールプレイを行うということも可能である。

さらに、ある特殊な法律問題を含む相談への対応ということをテーマにし、そのテーマに合わせた特殊法律問題を含む仮設事例を用意して、ロールプレイを行うということも考えられる。

❸ 訓練方法としてのロールプレイの特徴

ロールプレイを法律相談の訓練にとり入れるにあたっては、とくにほかの訓練方法との比較などを通じて、その訓練方法としての特徴を十分に理解しておくことが必要である。法律相談の訓練方法としてのロールプレイの利点、難点としては、おおむね以下のようなものが挙げられる。

1 ロールプレイの利点

① 設定されたテーマに応じた、計画的な事例の選択・状況設定が可能で

あること——ロールプレイは、あらかじめ用意された仮設事例について模擬法律相談を行うというものである。したがって、前述のとおり、あらかじめロールプレイによる訓練のテーマを設定し、その設定されたテーマに応じて使用する仮設事例を選択し、また、あらかじめ相談者役の模擬法律相談に臨む態度・姿勢などを決めておくなどの状況設定を行うことを通じて、計画的に訓練の環境を設定することが可能である。この点、現実の法律相談を題材とする事例検討会では必ずしも訓練の機会を得ることができるかどうかわからないテーマなどであっても、ロールプレイによればこれを実現することが可能である。

また、たとえば、後記のとおり、「聴く技法」を重点的に訓練するために、その目的に合った比較的事実関係の複雑でない仮設事例を選択し、かつ弁護士役の受講者にもあらかじめ事案の概要を把握させておく、というような準備をすることも可能であり、また、受講者の習熟度に応じて、使用する仮設事例を選択することも可能である。また、前述したとおり、特殊な問題に関する法律相談(犯罪被害者の相談、多重債務問題の相談など)の訓練のために、その特殊問題に関する仮設事例を用意するということも可能である。

② 同一の事例について同様の環境設定が可能であること——①で述べたことと関連するが、ロールプレイにおいては、一つの仮設事例を繰り返し使用すること、また、同一の相談者役に同じ仮設事例の相談者を複数回演じてもらうことが可能である。そうすることによって、同一事例同一相談者という設定での複数のロールプレイを比較対照することができ、また、あらかじめある仮設事例についてモデルとなる模擬法律相談のビデオなどを作成しておけば、モデル相談と実際のロールプレイとの比較検討も可能になる。

③ 現実の相談ではないという「気やすさ」があること——ロールプレイは、現実の法律相談を題材とする事例検討会とは異なり、あくまでも仮設事例についての模擬法律相談であり、相談者役も現実に問題を抱える相談者ではない。したがって、ロールプレイにおいては、弁護士役自身が現実の法律相談では行っていなかった「聴き方」や「訊き方」を試みることができる。また、現実の法律相談を担当した経験のほとんどない受講者に対して法律相談の訓練を行う場合には、有効な訓練方法となりうる。

④ 受講者自身が相談者役を演じる場合、自ら相談者の立場に立って考え

表１ ロールプレイの利点

① 計画的な事例選択・状況設定が可能
② 同一事例について同様の環境設定が可能
③ 現実の相談ではないという「気やすさ」がある
④ 受講者が相談者役となる場合、相談者の立場に立って考えることが可能
⑤ ロールプレイ終了後に相談者役の意見を聞くことが可能

表２ ロールプレイの難点

① 臨場感に欠ける
② 仮設事例であり、状況設定に限界がある
③「評価されている」という心理的圧迫が参加者に生じる可能性もある
④「知った者同士」によるロールプレイの場合、馴れあいのおそれがある

ることが可能になること――受講者の中からロールプレイの相談者役を選定する場合には、相談者役となった受講者は、実施されるロールプレイの中で、相談者の立場から法律相談およびそこで必要とされる弁護士の技能について考える機会を与えられることになる。このように、受講者自らが相談者の視点から法律相談を見ることを通じて、受講者は、相談者を援助するということの意味など、法律相談の役割についてより深い理解を得ることが可能になる。

⑤ ロールプレイ終了後に相談者役の意見を聞くことが可能であること――ロールプレイでは、受講者自身が相談者役を務める場合のほか、インストラクター(法科大学院の教員、弁護士会の研修担当者など)や現役の弁護士など、受講者以外の者が相談者役となる場合も考えられる。いずれの場合においても、ロールプレイ終了後の検討・評価の段階に相談者役が参加することが予定されているので、弁護士役は、実施されたロールプレイについて、相談者役に直接意見・感想を述べてもらい、これを参考とすることができる。

なお、現実の法律相談が前提となる事例検討会においても、相談終了後にアンケートなどの形で相談者自身の意見・感想を聞くことは可能であるが、これらは間接的かつ限定的なものにならざるをえない。すなわち、たとえば相談を担当した弁護士の面前で実際の相談者に意見・感想を求めるということは、現実問題としてかなり難しいといわざるをえず、また、アンケートによる場合は、自由記載欄などの工夫の余地はあるにせよ、どうしても回答が質問の内容および形式によって限定されてしまうことになる。また、事後の事例検討会の場に相談者の参加を求めることも、現実には困難である。

2 ロールプレイの難点

① 臨場感に欠けること——訓練方法としてのロールプレイの難点としては、まず、臨場感に欠けるということが挙げられる。すなわち、ロールプレイに使用される仮設事例は、相談者役が自ら体験した事実ではないため、ロールプレイにおける相談者役の対応も、ともすれば、ぎこちないものになりがちである。また、相談者役が仮設事例の詳細についてまで覚えきれておらず、現実の相談者であれば当然説明できるはずの事実について、弁護士役の質問に答えられないといった事態も起こりうる。

② 仮設事例による状況の設定に限界があること——①と同様のことであるともいえるが、仮設事例の作成にあたって、その事実関係の詳細についてまで漏れなく創作することは、実際にはなかなか困難である。したがって、ロールプレイの際に弁護士役が、仮設事例の教材の中ではまったく触れられていない事実関係に関する質問をした場合、当然のことながら、相談者役はこれに対応できないという事態も予想される。

③ 参加者に「上下関係」があると、「評価されている」という心理的圧迫が生じるなど、学習効果に問題が生じる可能性もあること——たとえば、インストラクターや先輩弁護士が相談者役として、または傍聴者として参加するなど、受講者との関係で一定の上下関係がある者がロールプレイに参加すると、場合により、受講者がインストラクターなどの評価を過剰に意識して、ロールプレイに集中できないということも想定される。この場合、結果として正しい検討・評価に資するだけのロールプレイとならない恐れも十分にある。

④ 相談者役が受講者の場合、「知った者同士」ということからくる馴れあいや、法律用語の安易な使用など、相談の流れが不自然になる可能性があること――また、これも①と関連することであるが、とくに相談者役が受講者の場合、弁護士役の受講者とは「知った者同士」という関係があることが多い。そのため、ロールプレイの場面において、受講者らは「弁護士―相談者」という立場ではなく、「お互い受講者同士」という感覚に陥り、その結果ロールプレイ自体が馴れあいになってしまったり、専門的な法律用語が弁護士役と相談者役との間で飛び交ったりするような、不自然な相談になってしまう可能性もある。

④ ロールプレイの実際

以上に述べた、法律相談の訓練としてのロールプレイの意義およびその訓練方法の特徴をふまえて、次に、実際のロールプレイの準備から、ロールプレイの実施および事後の検討・評価に至るまでの具体的手順および内容を概観する。

1 ロールプレイの準備

① 題材の選定・ロールプレイ用教材の作成

ロールプレイの準備にあたっては、まず、ロールプレイに適した題材を選定し、これを加工して、ロールプレイに使用するための教材を作成する必要がある。

A 題材選定のポイント

第１に、題材の選定が必要である。法律相談の訓練のための題材であるから、法律問題を含む具体的な事例であれば、何でも題材となりうるといえる。ただし、実際に題材を選定するにあたっては、前述の訓練の目的をふまえ、少なくとも以下の点に留意するのが適当であると思われる。

(a) 題材に含まれる法律問題――一般的にいえば、選定すべき題材は、なるべく複雑または特殊な法律問題を含まないもの、たとえば貸金返還請求、売買代金請求等の事例などを利用するのがよい。複雑または特殊な法律問題を含む題材にもとづいてロールプレイを行った場合、ともすると受講者がその点ばかりに注意を向け、「聴く技法」あるいは場合により「訊く技法」を含めた主要技法に対する意識がおろそかになるおそれがあるからである。また、教材の作成に関する説明のところでも触れるが、複雑または特殊な法律問題を含む事例を題材とすると、教材にした場合に、もととなった事件の関係者の秘密、プライバシー等が完全に保たれるかどうかが問題になる場合も考えられる。

第４部に掲載した**資料１**から**資料３**は、貸金返還請求および保証債務履行請求に関する、比較的単純な法律問題を含む事例を題材とするロールプレイ用の教材例である（以下、たんに「教材例」という）。

なお、前述のとおり、特殊な法律問題についての訓練を目的としてロールプレイを実施することも考えられ、そのような場合には、具体的な訓練目的に合わせた法律問題を含む題材を選定する必要がある。

(b) 事実関係――(a) と同じ理由から、一般的には、選定すべき題材に含まれる事実関係もなるべくシンプルなものの方がよいと思われる。たとえば、金銭消費貸借契約や売買契約の当事者間で、貸金の返還または売買代金の支払が問題となるような事例は、通常、事実関係がシンプルであるといえるが、そこに債権譲渡、相続などの事実が加わると、当事者の数も増え、事実関係も複雑化してしまう可能性がある。「教材例」の事例は、実質的には貸主および借主（いずれも株式会社）の各代表者個人同士の友人関係に基づく金銭の貸借が問題となっている事例であり、事実関係は比較的単純であるといえる。

ただし、前述の法律相談における技法のうち、たとえば「判断形成技法」を主要テーマとするロールプレイ、または「訊く技法」をより集中的に訓練するためのロールプレイを実施する場合などには、やや複雑な事実関係を含む題材が適当なこともある。

(c) 問題解決の選択肢――また、選定すべき題材は、問題解決に向けて、いくつかの選択肢が考えられる事例が好ましい。通常は、訴訟提起という選択肢のほか、相手方との事前の交渉によって解決する可能性を探るケースが多いと思われるので、題材の選定にあたって、この点はあまり気にしすぎる必要はないかと思われるが、とくに「判断形成技法」および「伝達技法」の訓練のためには、問題解決に向けて複数の選択肢が考えられ、かつそれらのメリット、デメリットについて検討し、説明することが要求される事例であることが必要であると思われる。

「教材例」の事例は、貸金の返還請求という相談の趣旨を達成するにあたって、貸金返還請求訴訟の提起のほか、仮差押えの可能性・必要性の検討、事前に相手方との交渉による解決を図る可能性、さらには、それら複数の問題解決手段同士の関係（この場合、各手段は相互に排他的な関係にあるものではない）などについても検討し、かつ、弁護士がその検討の結果を相談者に説明する必要があると考えられる題材である。

B ロールプレイ用教材の作成手順

題材を選定したら、次に、選定された題材をもとに、実際のロールプレイに使用するための教材を作成する。教材作成にあたっての具体的ポイントは、以下に記載するとおりであるが、概括的にいえば、模擬裁判用の教材をやや簡略化したものを作成するということをイメージすればよいのではないかと思われる。

（a）題材の選定――まず、実際の事件に関する手持ちの記録、または模擬裁判用教材など既存の事例教材などの中から、上記Ａに掲げたポイントを考慮し、ロールプレイ用教材とすべき題材を選定する。

選定すべき題材は一つとは限らない。複数の題材をもとに一つの教材を作成することも十分考えられる。むしろ、このように複数の題材を選定し、それらを素材として教材を作成する方が、実際の事件の関係者の秘密保持、プライバシー保護の観点からは、より安全な教材作成方法であるといえる。

（b）仮設事例化――次に、選定した題材を素材として、仮説の事実関係を作成する。

実際の事件記録を素材として仮設の事実関係を作成する具体的な方法としては、まず、選定した題材をもとに、人物関係図・時系列表を作成する。次に、人物関係図・時系列表をもとに、固有名詞など、具体的事件・当事者が推測されるおそれのある事項をすべて削除し、かつ、削除した部分などに他の適当な日時・場所・人物名・トピック等を補充または追加して、人物関係図・時系列表を修正し、仮設事例とする。とくに補充をしなくても全体的に仮設事例として成り立つ部分については、あえて他の日時・場所等を補充する必要はない。このとき、(a) で述べたように、できれば複数の事例を組みあわせて、または、実際の事件と既存の事例教材とを組み合わせるなどして、一つの仮設事例とするのが好ましい。

いうまでもないことであるが、最も注意すべきことは、弁護士の守秘義務との関係で、題材とした実際の事案に関する具体的または特徴的な情報が、教材からはまったく読みとれないようにすることである。また、教材作成について依頼者その他の関係者の了解を得ることも必要になる場合もある。

既存の教材を加工して利用する場合も、具体的な加工の手順は、おおむね実際の事件記録を素材とする場合と同様である。この場合には、その教材に明示されている利用方法(加工して使用することの可否など)を遵守し、教材の著作権を侵害することのないよう、細心の注意が必要である。なお、既存の教材は、それをそのままロールプレイ用教材として転用するということもありうる。

ちなみに、「教材例」の事実関係は、数件の実際の事案および事例教材をヒントにして創作したものである。

(c) 仮設事例についての事情聴取書(または陳述書)および関係資料の作成——そして、最後に、仮設事例化した事案についての(修正後の)人物関係図・時系列表をもとに、仮設事例の相談者の経験した事実としての事情聴取書または陳述書を作成し、かつ、関連する証拠書類を作成する。事情聴取書・陳述書を作成せずに、人物関係図・時系列表をそのまま教材の一部としてもよい。いずれにせよ、相談者役が仮設事例に関わる十分な情報をできるだけ容易に把握できるように教材を作成することが重要である。

また、相談者が初回法律相談に持参する可能性のある資料を、事情聴取書・陳述書と一緒に作成し、ロールプレイの相談者役がロールプレイの場面に持参できるよう準備しておくことも必要である。

「教材例」は、以上の過程を経て作成したロールプレイ用の教材である。**資料1**「事案の概要」は、上記の事情聴取書または陳述書にあたる部分(「第2 相談事項の概要」の部分)に、相談者および関係者の概要(「第1 相談者のプロフィール」の部分)を加えたものである。また、**資料2**「借用証」および**資料3**「現在事項全部証明書(会社)」は、ロールプレイの際に相談者役に持参させる資料として作成したものである。

② 相談者役の選定

ロールプレイの準備としては、次に、相談者役を選定することが必要である。通常は、受講者自身が相談者役となる場合とインストラクターや現役の弁護士が相談者役を務める場合とが考えられる。

一般的には、受講者自身が相談者役を演じることは、受講者に相談者の身になって考えるという経験をさせることで、法律相談の主要技法の意味についての理解をより深めるという効果が期待できる(前記第3節1の④参照)。その反面、弁護士役との関係では、相談者役も受講者であるということで、ともすれば馴れあいに陥る可能性がある(前記第3節2の④参照)。

他方、インストラクターや現役の弁護士が相談者役になることは、法律相談の実際について経験のある弁護士によって、ロールプレイのテーマや受講者の訓練段階等に応じた相談者役を比較的容易に準備できるという利点が考えられる。しかし、インストラクター等の前で受講者が必要以上に評価を意識してしまうなどの難点も指摘されなければならない(前記第3節2の③参照)。

なお、将来的には、医療面接の教育(ロールプレイ)における模擬患者に倣い、一般の市民に「模擬相談者」となってもらうことによって、実際の法律相談の場面により近い環境におけるロールプレイを実現したり、事後の検討・評価の段階で、模擬相談者のコメントを得ることで、一般市民の視点をロールプレイの評価に反映させることも検討されるべきであろう。

③ 相談者役の事前準備

相談者役には、まず、事前にロールプレイ用教材を十分に読み込んで事案の内容を把握しておいてもらう。また、できれば、教材の中で相談者役がみずから弁護士役に開示すべき情報と、弁護士役から質問されない限り、自分からは話さない情報とを選別したり、また、たとえば、饒舌な相談者になるのか寡黙な相談者として臨むのかということ、持参する資料をみずから弁護士役に提示するか、あるいは弁護士役からの指示がない限り提示しないか、ということなど、ロールプレイに臨む相談者の基本的人物像や相談の姿勢についても、インストラクターとの間で十分に打ち合わせておいてもらう。また、実際の法律相談に近い環境を設定するため、相談者役には、教材に接した後ロールプレイの実施に至るまでの間は、弁護士役には接触しないよう、注意してもらうことも必要である。

④ 弁護士役の事前準備

弁護士役となる受講者は、ロールプレイの前に特段の準備はしない、というのが原則である。これは、法律相談のシミュレーションを行うのであるから、実際の初回法律相談と同様の環境設定をする、という趣旨によるものである。

ただし、たとえば「聴く技法」に重点を置いてロールプレイを実施する場合には、事前に弁護士役にも教材、とくに事案の概要を読ませておくことが有効な場合もある。すなわち、弁護士役があまり「訊く」ことに気をとられすぎずに、できるだけ「聴く」ことに意識を集中するようにするために、弁護士役には事案の概要をあらかじめ大まかに把握させておくこともありうるのである(このような準備ができるという点は、ロールプレイならではの特徴でもある)。

⑤ その他の環境設定

A ロールプレイの場所

ロールプレイの場所の設定も、法律事務所の面談室・会議室や法律相談センターの相談室などを想定して、できるだけ実際の法律相談の環境に近づけることが適当である。ただし、後で述べるように、ロールプレイの実施にあたっては、インストラクターおよび他の受講者などが同席することが考えられるため、やや広めの会議室などが適当であると思われる。

B ビデオの準備

ロールプレイは、ただ単に模擬法律相談を通じて法律相談の真似事を体験して終わるというものではなく、実施されたロールプレイの経過および結果そのものを、事後に検討し評価する作業が重要である。したがって、ロールプレイの場面は、そのような事後的な検討および評価が可能となるような形で記録されることが必須であるといえる。また、法律相談の主要技能の検討・評価にあたっては、弁護士役と相談者役との言葉のやりとりにとどまらず、ロールプレイ中の弁護士役または相談者役の表情、しぐさ、姿勢なども総合して検討・評価することが重要である。その意味で、具体的な保存の方法も、音声だけではなく映像も保存できるビデオ撮影によるのがよい。したがって、可能なかぎり、ロールプレイの実施にあたっては、ロールプレイの場面の撮影のためビデオ機器を準備するのが望ましい(具体的な方法については本書第4部第2章参照)。

2 ロールプレイの実施

① 参加者

以上の準備作業を経て、次に、いよいよ実際のロールプレイを実施することになる。ロールプレイ実施の具体的な手順であるが、まず、ロールプレイの参加者として、弁護士役の受講者1名および相談者役1名ないし複数名は必須である(なお、受講者が法律相談の手順自体にあまり慣れていない段階などにおいては、弁護士役も複数とすることもありうる)。

この他に、インストラクターおよび他の受講生がロールプレイを観察するという趣旨で、ロールプレイの現場に同席することも考えられる。ただし、この場合、とくにインストラクターの同席については、先に述べたとおり、弁護士役の受講者に「評価されている」という心理的圧迫が生じるなど、訓練の効果に問題が生じる可能性もあるので、注意が必要である(前記第3節2の③参照)。場合により、インストラクターおよび他の受講者は、別室でモニターを通じて観察するということも考えられる。

② ロールプレイの手順

まず、ロールプレイ実施の冒頭に、参加者全員が学習テーマを確認する。ここで確認すべきテーマは、前述した法律相談の主要技能のうちのどの技能を重点的に訓練するか、あるいは基本技能のすべてについて訓練するかということのほか、終了後の検討・評価を念頭に置いて、ロールプレイの実施または観察にあたり具体的にどのようなポイントに注意すべきか、という点を確認することも含まれる。そのような具体的なポイントの例としては、以下のようなものが挙げられる。

A 本事例における当事者のニーズはどのようなものであると考えるか。実際の模擬法律相談において、弁護士役による当事者のニーズの確定は適切であったか。

B 本事例の解決に向けて検討が必要と思われる法律問題は何か。

C 本事例において、弁護士として、依頼者・相談者からどのような手順で話を聞く(聴く・訊く)べきか。また、相談に対する弁護士の判断、受任の有無、弁護士報酬その他の費用については、いつの段階で、どのように伝達・説明すべきか。

D (とくに「聴く技法」について)模擬法律相談において、弁護士役の話の聴き方は適切であったか。適切でなかったとすれば、具体的にどのような点に問題があったと考えるか。

E (とくに「訊く技法」について)本事例の法律相談にあたって、弁護士としてどのような事実・情報を取得すべきだと考えるか。追加で取得すべき資料はあるか。

模擬法律相談において、弁護士役による事実・情報の取得は、十分になされていたか、十分になされていなかったとすれば、具体的にいかなる事実・情報の取得が十分ではなかったか、また、「訊き方」のどこに問題があったか。

F (とくに「判断形成技法」について)模擬法律相談において、弁護士役による事件の見とおしの立て方(判断形成)は適切であったか。適切でなかったとすれば、どこに問題があったと考えるか。

G (とくに「伝達技法」について)模擬法律相談において、弁護士役による見とおし(判断)の伝達、事件受任についての説明、弁護士報酬・その他の費用についての説明は、それぞれ適切になされていたか。適切でなかったとすれば、どこに問題があったと考えるか。

H 本事例においては、どのように相談を終了させるのが適当か。模擬法律相談において、相談の終わり方は適切であったか。

以上の要領でテーマを確認した後、参加者は所定の位置につき、初回法律相談と同様の手順でロールプレイを進める。ロールプレイの所要時間は、一般的な初回法律相談の例に倣い、あらかじめ30分または1時間などと決めておく。

「教材例」を利用したロールプレイの場合、相談者役は、あらかじめ**資料1**の内容を把握し、ロールプレイの場面には**資料2**および**資料3**を持参して臨む。相談者役は、弁護士役の質問や促しなどに応じて、あるいは自分から積極的に**資料１**に含まれる事実について話すことになる。ただし、相談者役は、必ずしも**資料１**記載の事実の全部を話すわけではなく、それは、あらかじめ決めておいた相談者役の人物像や姿勢、ロールプレイにおける弁護士役の質問・促しの巧拙などに左右されることになる。また、**資料２**および**資料３**がロールプレイの場面で弁護士役に対して提示されるかという点も、同様に考えられる。

③ ビデオ撮影

すでに述べたとおり、ロールプレイの検討および評価を効果的に行うためには、ロールプレイの場面をビデオで撮影・記録することが重要であり、ビデオ機器の準備がなされている場合は、ロールプレイの場面をビデオ撮影する（第４部第２章参照）。

3 ロールプレイの結果の検討・評価

ロールプレイ実施後、その経過および結果について検討および評価を行う段階に移る。ロールプレイは、実際に模擬法律相談（ロールプレイ）を行うことに加えて、事後の検討・評価を通じて、法律相談の技能の意味、および実践のあり方について理解することで、初めて訓練としての意味をもつことになる。実際の検討および評価は、おおむね以下のようにして行われる。

① 検討・評価の時期

まず、検討・評価の時期であるが、これには、ロールプレイ実施直後に検討・評価を行う場合と、ロールプレイ実施から時間をおき、ビデオに加えてロールプレイの逐語録が作成された時点で検討・評価を行う場合とが考えられる。もちろん、ロールプレイ実施直後および逐語録作成後の２回にわたって検討・評価を行うことも考えられる。検討・評価の時期によって、以下のとおり、検討・評価の視点や検討・評価を通じて獲得しうるものが異なってくることがある、という点に注意すべきである。

A ロールプレイ実施直後に検討・評価を行う場合

ロールプレイの実施直後に検討・評価を行う場合、ロールプレイを実施した立場から印象的かつ直感的な感想や意見を述べることができる。とくに、相談者役の立場から、弁護士役の相談への対応に満足できたか、あるいは納得できたかどうかという率直な感想を得るためには、この時点に検討・評価を実施することが最も適当であると思われる。

反面、ロールプレイ実施直後の時期は、参加者、とくに弁護士役の受講者が、実施されたロールプレイを十分に、かつ客観的に振り返る時間的余裕がないことが多いと思われ、ロールプレイの詳細な分析という面においては不十分な点が残る。

B 逐語録作成後に検討・評価を行う場合

ロールプレイ実施から時間をおくことによって、冷静に、かつ第三者的な視点から分析・反省することが可能になる。とくに、弁護士役の受講者自身が、自己の行ったロールプレイを客観視するためには、ロールプレイ実施の時から一定の時間をおき、また十分な資料が揃った段階で検討するのが適当である。また、ビデオおよび逐語録という検討用記録資料を十分に揃えることによって、弁護士役と相談者役との個々の会話など細部にわたる検証が可能になる。

反面、このようにロールプレイ実施時から時間が経過することによって、実施直後に得られた新鮮な感覚にもとづいてロールプレイを評価することが難しくなる(ロールプレイ実施後時間をおいて検討した場合、実施直後における相談者役の印象にバイアスがかかることは否めない)。

② 検討・評価の手順

A 参加者

次に、具体的な検証・評価の手順であるが、まず、検討・評価の参加者は、ロールプレイの参加者全員であることが望ましい。ロールプレイの参加者は、前述のとおり、弁護士役、相談者役、ならびにロールプレイを観察するその他の受講者、およびインストラクターなどが考えられるが、いずれも実際にロールプレイを行いまたは観察しているわけであるから、実施されたロールプレイに対して何らかの意見または感想を得ているはずである。したがって、できるだけこれら参加者全員の意見・感想を反映させることが、事後の検討・評価の内容を一層充実したものにすると考えられるからである。

なお、ロールプレイから一定の時間をおいて検討・評価をする場合には、以上のほか、ロールプレイ実施時には参加していなくても、その後検討・評価の前にロールプレイのビデオを見た者を参加させることも可能であると考える。

B　学習テーマ、事例の内容、検討・評価ポイントの確認

ロールプレイの検討・評価のはじめに、インストラクターより、検討・評価の対象となるロールプレイの学習テーマ、事例の内容、および検討・評価のポイント(前記第４節２の②のＡからＨなど参照)を改めて説明し、参加者全員の認識を共通にしておく。

C　学習テーマに沿った意見交換

学習テーマ、事例の内容および検討・評価のポイントの確認がなされたら、次に、参加者全員により、対象となるロールプレイに関して意見交換を行う。

意見交換の具体的手順は、検討・評価の時期によって多少異なると思われる。すなわち、ロールプレイ実施直後に検討・評価を行う場合には、参加者が体験または観察したロールプレイそのものを素材に、各自の記憶およびメモを取っている場合にはそのメモなどをもとに意見交換するのが通常であろう。逐語録作成後に検討・評価を行う場合には、原則として参加者が事前に逐語録を読んでくることを前提に、検討・評価の場面では、まず、全員がロールプレイを撮影したビデオを改めて見て、参加者各自がロールプレイの経過および結果について記憶を喚起したうえで意見交換に入るのが効果的であろう。

意見交換の進め方自体は、検討・評価の時期によってさほど変わるものではない。各参加者が実際のロールプレイまたはビデオ・逐語録に基づいて、学習テーマおよび検討・評価のポイントに沿って意見または感想を述べあい、議論を深めていく。その際、必要であれば、ビデオの該当部分を改めて再生し、該当箇所を指摘しながら議論を進めることも考えられる。

意見交換は、原則として、確認された検討・評価ポイントに沿うかたちで行われることになる。たとえば「聴く技法」については、前記第４節２の②のＤのポイントをふまえて、弁護士役がオープン・クエスチョンあるいは聴くための個別の技法(雰囲気づくり、反射、明確化、純粋性、解釈等)

を効果的に使用していたかどうか、その結果、相談者役との間で信頼関係を築くことができたかどうか、などについて具体的に意見交換を行う。また、「訊く技法」「判断形成技法」については、前記第 4 節 2 の ② の E および F などのポイントをふまえ、誰に対してどのような請求が可能かということを判断するために十分な情報が得られていたかどうか、得られた情報をもとに適切な判断形成ができていたかなどの点について意見交換を行う。「教材例」を利用したロールプレイを例にとると、相談者側の貸金返還請求権および保証債務履行請求権の存否のほか、具体的に各請求権の行使により満足を得られるだけの財産(不動産、自動車、請負代金債権、敷金・保証金等)が相手方の側に存在するか、具体的な権利行使の手順(訴訟、仮差押え、交渉等)をどのようにするか、などの問題点について、判断形成に十分な情報を「訊く」ことができたか、また、実際の判断形成の過程および結果は妥当であったかどうか、という点などについて意見交換が行われることになると思われる。

D インストラクターによるまとめ

意見交換が尽くされたところで、最後にインストラクターが、学習テーマおよび検討・評価のポイントをふまえて、全体のまとめを行う。その際、インストラクターは、ロールプレイにおける弁護士役の対応全般についてコメントするとともに、検討・評価のポイント毎に、またはとくに注意すべきポイントについて、具体的に問題点および改善または発展への指針を示すこと、および弁護士役の面接に優れた点があった場合には、それを具体的に指摘することなどが重要である。

E 検討・評価の記録——録音、議事録の作成

実施された検討・評価についても、これを記録にとどめておくことが重要である。具体的には、検討・評価の過程を録音しておくこと、または事後に議事録を作成することなどが考えられる。

③ 同一の設定での複数のロールプレイを比較する場合

ここまで何度か述べてきたように、ロールプレイの場合には、同一の仮設事例について同一の相談者役を配して、複数回のロールプレイを実施することが可能である。そこで、この特徴を利用して、同一の受講者を弁護士役とし、または別の受講者により、同じ設定のロールプレイを複数実施して、それを比較することにより検討・評価を行うということも考えられる。

実際に、このような方法でいかなる訓練の効果が得られるかという点については、さらに事例の蓄積を待たなければならないが、たとえば、「聴く技法」に重点をおいてロールプレイを行う場合に、複数のロールプレイから同じ場面(たとえば、相談の最初から数分間の会話など)を抽出して比較することで、弁護士役の対応の問題点がより明確になるようなことが想像できる。

❺ 本章のポイント

この章では、法律相談の訓練方法の一つであるロールプレイについて、その訓練方法としての意義および具体的なロールプレイのやり方について概観した。

ロールプレイは、仮設事例を教材として、受講者自身が模擬法律相談を体験するという点に、訓練方法としての特徴がある。ロールプレイにおいては、教材の選定、相談者役および弁護士役の準備の方法などを工夫することによって、目的に応じた計画的な訓練を実施することができるという利点がある。また、同一の教材および同一の相談者役によって、同様の法律相談の環境を何度も設定することができ、そのような同一環境下における複数のロールプレイを比較検討するということも可能である。

具体的なロールプレイのやり方であるが、まず、ロールプレイ用の教材の作成が必要である。教材の作成にあたっては、実際の事件記録を素材にする場合と既存の事例教材を利用する場合とが考えられ、通常は、これらの素材を適宜加工して仮設の事実関係および関係資料を作成することになる。この場合、素材となった事件関係者の秘密保持およびプライバシー保護、既存の教材利用の場合にはその著作権への配慮などに、十分に注意する必要がある。

ロールプレイの事前準備については、相談者役の準備が重要である。相談者役は、教材に含まれる事実関係を十分に把握しておく必要があるほか、どのような態度でロールプレイに臨むかということなどを、あらかじめインストラクターとの打ちあわせなどを通じて十分に練っておく必要がある。弁護士役については、実際の法律相談の場合と同様の環境を設定するという趣旨から、事前には特段の準備はしないというのが原則である。

ロールプレイ(模擬法律相談)は、実際の法律相談と同様の手順で進める。弁護士役および相談者役以外の受講者およびインストラクターがロールプレイの場面に立ち会って観察するかどうかについては、一定の考慮が必要である。場合により、他の受講者およびインストラクターは、別室でモニターにより観察するということも考えられる。

実施されたロールプレイは、事後に検討・評価を行うことが必須である。検討・評価は、ロールプレイ実施直後に行う場合と、しばらく時間をおき、逐語録など検討・評価のための資料が作成された後で行う場合とが考えられる。検討・評価の時期によって、検討・評価の視点や内容に違いがみられることに注意すべきである。検討・評価の手順は、学習テーマ・議論のポイントの確認に始まり、確認されたテーマやポイントをふまえた意見交換を経て、インストラクターによるまとめをもって終了する。検討・評価の経過および結果は、記録にとどめておくことが重要である。

（竹内　淳）

第4章 事例研究の方法

1 事例検討会の意義

1 はじめに――事例検討会とは

法律相談でうまく対応できない事例に出会ったとき、後でほかの弁護士に意見を聞いてみた、ということは、おそらく多くの弁護士が経験していることだろう。事案の法律的な判断や解釈だけでなく、面接技法に関しても、他の弁護士と話しあうことが役に立つ場合がある。話しあうことが役立つのは、うまく対応できなかった事例ばかりではない。実際に担当した相談事例を後から振り返って検討してみると、相談場面での自分のふるまいを見なおすことができ、結果として面接技法の改善につながると考えられる。このように、面接技法の習得・改善という目的のために、担当した相談事例の経過を複数のメンバーで事後的に検討することを、「事例検討会」という。本章では、事例検討会の意義と方法について解説するとともに、事例を集めるための方法論を紹介し、事例検討会を継続して行うことの意味について述べたい。

2 面接技法訓練における事例検討会の位置づけ

事例検討会は、実践現場に出た弁護士を対象とした面接技法訓練の一種である。第1部第2章および第3章で述べたように、ロールプレイは架空の相談を演じるシミュレーション学習であった。それに対して、事例検討会は、実際に担当した相談事例を扱うところに大きな特徴がある。そのため、現場の弁護士が実際に相談に当たりながら、研鑽を積むことができる。

また、事例検討会という組織を形成し維持することができれば、それは定期的な相互研修システムとして位置づけられる。現場の弁護士にとって、継続的な研修の機会は、書物を読む、上級者に個別指導を受ける(スーパービジョン、コンサルテーション)、などである。書物を読むことはともかく、上級者に個別指導を受けるという方法は、指導者の有無に大きく左右される。それに対して、事例検討会は、志を同じくする弁護士同士で始めることができる。つまり、相互研修のシステムとして機能しうるものである。

3 参加者のニーズや目的に合わせた利用可能性

弁護士にとって、事例検討会は様々な機能を果たすといわれている。こうした事例検討会の機能をまとめたのが、表1である。

表1に示された機能のうちどれを重視するかは、参加者のニーズおよび特性や、事例検討会の実施目的によって異なってくる。表1からわかるように、経験の浅い弁護士だけでなく、中堅や熟練の弁護士にとっても、事例検討会から得るものは大いにあるだろう。事例検討会は、参加者のニーズや実施目的に合わせて自在に組織し、利用することができるシステムである。

実際、筆者らの研究会では、研究・発見機能を重視した事例検討会を行ってきた。本書はまさに、こうした事例検討会の研究成果をまとめたものである。事例検討会から研究への発展については、原田(2004)に簡単な実例が示されている。

4 教育方法としての事例検討会の利点

事例検討会の第一の利点は、事例のダイナミクスについて様々な角度から検討できることである。面接技法について書かれた理論書を読めば、技法を体系的に知ることはできるかもしれない。しかし、理論書を読んだからといって、実践現場ですぐに技法を使いこなせるとはかぎらない。実際に相談を担当する際には、書物で読んで技法を知っているにもかかわらず、思うように実践できないこともあるだろう。こうした事態は、当事者の思い込み、感情の動き、理解の食い違い、特徴的なコミュニケーションスタイルなど、様々な要因のダイナミクスによって生じてくる。事例検討会の利点は、こう

表1　事例検討会の諸機能

学習機能	参加者の事例理解を深め、面接技法を習得・改善させる。
教育・評価機能	参加者の面接技法を評価し、研鑽のための課題を設定する。
研究・発見機能	実践現場から得られた新しい発見を生かし、法律相談のあり方について研究する。
組織化機能	参加者の間で連携方針を共有し、組織を構成する(とくに、法律事務所や連携する専門相談機関で事例検討会を行う場合)。

下山(2004)を修正して作成

した事例のダイナミクスに触れることができる点にある。事例のダイナミクスに触れる経験は、相談を進めていく上での即時的な判断を鍛えることにつながるだろう。

事例検討会の第二の利点は、相談者の生《なま》の声に注目したり、相談者の気もちを想像したりしやすいことである。第1部第3章で紹介したロールプレイは、専門家同士で行われることが多い。そのため、弁護士のような専門家が相談者を完全には演じきれないという問題点がある。それに対して、事例検討会は実際の相談を素材とする。そのため、我々は相談者の様子から多くのことを学べるのである。専門用語を誤解して用いている相談者や、激しい感情・動機につき動かされている相談者は、けっして珍しくない。専門領域をほかにうつせば、相談者と似たようなところが自分にもあると、我々自身が気づかされる場合もあるだろう。このように、相談者の立場や状態の理解を深めるには、事例検討会が大いに役立つといえる。

事例検討会の第三の利点は、個別事例を詳細に検討することを通じて、より一般的な知識や課題の発見へとつながることである。事例について議論する際に、その事例の個別性を重視することはいうまでもない。しかしながら、一つの事例についていえることは、類似した事例にも示唆を与えるだろう。つまり、一事例からの発見は、他事例を理解する助けになる可能性がある。事例検討会は、このようにして研究・発見機能を果たすのである。また、学習や教育・評価の目的で事例検討会を行う場合、一事例で発見された課題は、その弁護士の相談全般にわたる課題であることが多い。第1部第

3 章で紹介したロールプレイが課題設定型であるのに対して、事例検討会は、課題発見型の研修方法であるといえる。こうした発見的要素も、事例検討会の利点の一つである。

事例検討会の第四の利点は、参加者のモチベーションを維持しやすいことである。事例検討会で対象となるのは、現に弁護士が直面した法律相談である。そこでの弁護士の対応に何らかの不適切な点があったとすれば、事例検討会での議論はおのずと真剣なものとなる。架空事例にはない事例の重さが、参加者の意欲を刺激するのである。また、「自分も同じようなことをしていないだろうか」と、参加者がみずからの相談実践を振り返る機会にもなる。このように参加者が意欲的に取り組めば、教育や研修としての効果も大きくなると期待できよう。

5 教育方法としての事例検討会の難点

以上で述べたように、事例検討会には、ロールプレイにはない利点がある。その一方で、事例検討会ならではの難点があることに注意したい。

第一の難点は、利点の第四と表裏一体をなす、情報管理の問題である。実際に行われた法律相談を題材とするからには、相談者のプライバシーの保護に細心の注意を払わねばならない。事例に関する固有名詞は、あらかじめイニシャルなどに置き換えておく。また、事例検討会で使用した資料は、厳重な管理を要する。しかし、どんなに情報管理を徹底しても、事例検討会の参加者は事例について多くの情報を得てしまうことになる。したがって、事例検討会は、誰でもすぐに参加できるオープンな場にすることはできない。情報管理の問題に対処するためには、資料作成・組織編成のいずれの側面でも、十分な配慮が不可欠である。

第二の難点は、ロールプレイのようなはっきりした獲得目標を設定することができない点である。面接技法の教育訓練とはいえ、事例検討会から「具体的に何を学べるか」は、提示された事例と検討会の議論によって決まることになる。そのため、短期間に面接技法を体系的に学びたい場合には、事例検討会は適当な方法とはいえないだろう。

第三の難点は、事例検討があくまでも事後的なものであり、議論の内容が「本当に正しいかどうか」は、通常確かめることができない点である。たとえば、相談者の気もちの動きを想像してみることはできても、本当のところを相談者に直接尋ねてみることはできない。また、「もし、この場面でこのような応答をしていたらどうなっていたか」を想像して議論することはできても、実際に相談をやりなおすことはできない。このように、事例検討会は様々な論点や可能性を話しあう場であり、事実を断定する場ではない、ということに留意したい。なお、この難点を補う手段として、相談者に対するアンケートを実施する方法がある。これについては、後続の第3節5で述べる。

② 事例検討会の実施方法

1 事例検討会の場を整える

事例検討会を行う際には、運営を管理する事務局がおかれ、事務局を通じて準備がすすめられる。事務局の仕事は、参加者に対する開催通知、会場の確保、資料の準備、事例・事例発表者の選択、事例発表準備のサポート、(助言者をおく場合には)助言者との打ち合わせ、司会者の決定、などである。

ここで、事例検討会の構成員について触れておきたい。一般に、事例検討会は表2に示したような人々で構成される。通常、参加者の大半は弁護士であろう。しかし、弁護士以外の職種が参加することにより、議論の活性化が期待できる。たとえば、法学研究者や心理学者が法律相談をみた場合、弁護士がほぼ自動的に判断し行動している側面について、疑問を投げかけるかもしれない。こうした他職種からの疑問に弁護士が答えることで、今まで当然視していた事柄を改めて見なおすことができるだろう。

事例検討会の場を整える際に重要なのは、構成員の間で前提を共有しておくことである。中でももっとも重要なのは、前の節でも触れたとおり、相談者のプライバシーを厳守することである。加えて、面接技法改善のために意見を表明する場であること、批判に対して互いにオープンであること、と同時に過度に批判的にならないこと、などの前提を共有しておく必要がある。こうしたことから、全員参加が難しくとも、構成員は固定しているほうがよ

表2 事例検討会の構成員

事務局	事例検討会の準備、実施、事後的な処理を、責任をもって行う。
参加者	事例検討会の目的に賛同して参加意欲があり、守秘義務を遵守できる人。意見が出やすいのは10～15名程度といわれる。
事例発表者 (事例提供者)	法律相談を現場で行い、提供できる事例をもっている参加者の中で、事例を発表する意思のある人。
助言者 (コメンテーター)	事例検討会が目的に沿って行われるように配慮し、専門的な視点からのコメントの提供や論点のまとめをする。 助言者を固定する場合もあれば、参加者が持ち回りで助言者となる場合、助言者を外部から招聘する場合などがある。
司会者	事例検討会の進行を行う。 司会者を固定する場合と、参加者が持ち回りで司会者となる場合がある。
記録者	事例のプライバシーに配慮しつつ、議論の要点を記録する。とくに、研究・発見機能を重視する事例検討会では、知見を蓄積するために必要である。 通常、参加者が持ち回りで記録者となる。

下山(2004)を修正して作成

い。また、継続的な研修の効果を重視するならば、1～2ヶ月に1回程度の周期で、定期的に会を開催することが望ましい。

2 事例発表の準備

事例発表者は、相談場面を録画したものと、それを文字化した逐語録を準備する。また、相談者が持参していた書面がある場合には、そのコピーも検討資料として準備する。第1節5でも述べたとおり、相談者の特定につながるような固有名詞はあらかじめ削除しておく。ただし、法律相談の現状では、相談場面の録画など、事例を集めること自体が容易ではないかもしれない。そこで、事例を集めるための方法論については別に節を設け、後続の第3節で述べることとする。

事例発表者は、あらかじめ事例を見なおした上で事例検討会に臨むようにする。事例がどんな経過であったか、相談に携わった際に何を意図していたか、どこで苦労したか、などを確認しておく。とくに、問題意識をもって事例発表をする場合には、議論したいポイントをあらかじめ整理しておくとよい。

3 事例検討会の進行

以下では、事例検討会の進行について解説する。文中に挿入されているやりとりは、事例検討会の実際の様子であり、相談者のプライバシーを考慮して大幅に改変されている。ここで紹介するのは一つの例であり、参加者のニーズや実施目的に合わせた調整が必要であろう。

① ステージ1——開会

参加者が集まるのを待って事例検討会を開会する。会を組織して間もないころには、事例検討会の前提を確認してから開会するとよい。次のステージ2ですぐに事例が提示されることになるため、開会時刻は参加者が無理なく集合できる時刻に設定することが望ましい。

【司会者】 今日は○○先生の担当された事例を検討したいと思います。司会は□□で、コメンテーターは△△先生にお願いします。事例検討会というのは、個人のスキルアップと、それを超えたより一般的な技法面での示唆の共有を含んだものです。そういった視点でご意見くだされぱと思います。

② ステージ2——事例の提示

検討する事例について、概要を確認したのち、録画された相談を参加者全員で視聴する。この際、参加者の手元に逐語録を配布し、印象に残ったところにメモ書きできるようにする。

【司会者】 この事例は、Z国の日本大使館に保護されている夫の帰国の段取りや、横領事件の告訴、損害賠償債務、息子の問題など、非常に多岐にわたる相談であったかと思います。発表者の○○先生から、何か補足はありますか？

【事例発表者】観ていただければおわかりだと思いますが、トータルで50分近い相談になっています。話が展開していくのをどうすればよかったか、ご意見をいただければと思います。

【司会者】それではさっそく、ビデオを流します。

【事例発表者】よろしくお願いします。

③ ステージ3――論点の抽出

事例の提示を受けて、まずはフリーディスカッションの時間を設け、論点を抽出する。時間が許せば、参加者全員に一通り感想を述べてもらう。その際、事例発表者の率直な感想は、なるべく早い段階で聞いておく。というのは、議論が展開してくると、率直な感想が出てきにくくなるからである。

【事例発表者】相談者は言いたいことをたくさん抱えていらっしゃっている方という感じだったのですけれども、聞いていても、刑事なのか民事なのか、何を求めて相談にいらしたのか、よくわかりませんでした。そこで、最初はある程度話していただいて、ある段階でご相談になりたいことを確かめなければならないな、と思いながら、その話をするタイミングを探っていました。この方が抱えている問題が、話されたとおりだとすると、かなりいろいろな問題があるようなので、この1回の相談でどこまで関わったらいいのか。まず何を回答したらこの方の助けになるのか。頭の片隅でずっと考えていたと思います。

【司会者】何を求めての相談か、この相談でどこまで関わるかの判断に迷われたということですね。他の先生方、感想はいかがですか？

【参加者A】この相談は、情報が混乱して次々話が流れてしまっているという印象がありましたね。相談者はあれこれ不安に思っているようですが、弁護士はそれに引きずられて相談者と同じフィールドの中に立ってしまって、一緒に迷路に入っているような印象を受けました。

【司会者】相談者の不安に引きずられて、迷路に入っている感じ。○○先生、いかがですか？
【事例発表者】情報が混乱しているという自覚はありました。

④ ステージ4――論点の明確化

フリーディスカッションを通じて論点が抽出されたら、司会者の主導で論点を明確化する。論点がいくつもある場合には、とくに話しあう意味のありそうなテーマに絞って議論を進めてもよいだろう。

【司会者】いくつかポイントが出てきましたので、いったん整理しておきたいと思います。相談者の訴えている問題の多重性、情報が混乱していること、相談者のコミュニケーションの特徴、外国の問題が絡むことの難しさ、そして相談時間延長の是非、といったところでしょうか。〇〇先生として、とくに議論したいポイントはどのあたりでしょうか？
【事例発表者】情報の混乱が、一番ネックだったと思います。
【司会者】ではそこから話しましょう。

⑤ ステージ5――論点の検討

論点がはっきりしてきたら、各論点についてできるだけ多くの視点から検討していく。その際、必ずしも一つの答えに行き着く必要はない。各参加者が、事例発表者の利益になりそうなことを積極的に発言するようにすると、結果的に議論が深まることが多い。

以下では、弁護士と相談者との間で情報が混乱していた点について議論された箇所を引用する。

【司会者】先ほど情報の混乱について指摘されたのはA先生でしたね。何かコメントはありますか？
【参加者A】弁護士と相談者が一緒に迷路に入ってしまうのを防ぐには、とにかく1個1個の5W1H（いつ、どこで、だれが、だれと、何を、どのようにしたか）をきちんと確認することだと思います。相談をみていると、弁護士が流されて、「まぁ、ここはわからなくてもいいや」という感じになっているところがあったようにみえたのですが……。

【事例発表者】それは途中あたりで思っていましたね。もう少し話してもらってから聞こうと。

【参加者 A】そうしていると、ずっとわからないままで流れていってしまうから。例えば【相 7】と【弁 7】[プロトコルの会話番号]のやりとりでも、言っていることが途中で食い違ったりしているでしょう。これはZ国内の日本大使館ですよね？

【事例発表者】いえ、これは違うのです。【弁 7】のものは、日本にあるZ大使館。

【参加者 B】相談者はどう受け取ったでしょうかね？

参加者 A と参加者 B は弁護士である。5W1H をきちんと確認することによって、情報の混乱を防ぐことができる、と議論されている。

また、別の観点からは、次のような議論もあった。

【参加者 C】いろいろな話が出てきてしまって、情報を特定できずに話が何となく流れてしまった、ということですね。これを防ぐためには、A先生もおっしゃったように、やはりどうしても話の流れを止めなくてはならないときがあると思います。そのようなとき、確認のしかたによっては何か尋問調になる。それよりは、もう一歩下がる感じで、「自分にはまだよく理解できていないから、教えてほしいのだけれども」と、ゆっくり話してもらうというやり方はどうでしょうか。

【司会者】自分のほうを悪者にするといいますか、あれですね。

【参加者 B】悪者までいかなくてもいいのですが、「よくわからなくて申し訳ないのだけれども」というニュアンスですね。

【参加者 D】あと、たとえばメモか何かを一緒に二人で作成することは可能なのでしょうか。あるいは、ホワイトボードがあればホワイトボードで、この人がここで、ここで、この人はあなたのお父さんですね、お母さんですね、などというように。

【事例発表者】ああ、それはうちも、勤務している事務所であればやりますね。

【司会者】情報の確認のしかたにも、いろいろ工夫の余地があるということですね。

参加者Cは心理学者、参加者Dは研究者である。ここでは、議論がさらに深まり、5W1Hをきちんと確認する際の具体的な工夫が話しあわれている。

なお、ここで挙げた議論は一つの例にすぎない。ステージ5は、論点に関連して考えたことや感じたこと、日頃心がけていることなどを、自由に話しあう場であることが望ましい。

⑥ ステージ6――残された論点の検討

議論が進んできたところで、さらに議論すべきポイントがないかどうかを確認する。というのは、中心的な論点を話しあっているうちに新たな着眼点が出てくることが珍しくないからである。

第3節で述べる方法によって当事者(相談者および弁護士)にアンケートを実施した場合には、この段階でアンケート結果を参照して議論を深めるとよい。アンケート資料がない場合には、相談者の立場になって相談場面をもう一度見なおしてみるのも有効である。

アンケート資料の用い方は、議論の分かれるところであろう。もっと早い段階でアンケート資料を参照するべきだ、という見解もあるかもしれない。ただし、事例検討会の比較的早い段階からアンケート資料を検討すると、議論が一方向に流れてしまう可能性がある。事例のダイナミクスについて様々な可能性を検討したい場合には、参考資料として最終段階でアンケートを利用するのが適切だろう。

⑦ ステージ7――まとめと閉会

事例検討会の成果をまとめるのが、最後のステージである。助言者をおく場合には、ここで助言者がコメントをする。また、事例発表者も、会の最後でコメントをする。その日の検討会の成果を最後に共有しておくと、それぞれの参加者が気もちよく会を終えることができる。

4 事後処理と記録の作成

事例検討会の終了後には、事務局が事後的な処理を行う。情報管理のため、余った資料はシュレッダーにかけてから廃棄する。厳密な情報管理のため、事例検討会で配布された資料を、事務局がその場で回収する場合もある。

また、事例検討会の記録を作成しておくと、グループの発展に役立つ。事例検討会の場で活発な議論が交わされても、時間の経過とともに、せっかくの議論が参加者の記憶から抜けてしまうこともあるからである。記録を作成する際には、相談者のプライバシーに極力配慮し、面接技法の側面だけを書面に残すようにする。事務局が記録を一括して管理し、参加者が記録を閲覧できるシステムを作るとよい。

❸ 事例を集めるための方法論

事例検討会では、弁護士が相談事例を持ち寄ることが前提となっている。ただし、現状では、事例を集めることがそもそも困難な場合もあるだろう。そこで、本節では、事例を集めるための方法論の一つとして、筆者らの研究会が用いた方法を紹介する(第4部第2章も参照)。

1 事例を集める際の心構え

具体的な方法について述べる前に、事例を集める際の心がまえについて確認したい。相談者が安心して話すことのできる環境づくりは、法律相談の面接技法の基本である。にもかかわらず、事例検討のために相談場面を録画するということは、相談の開始時点から相談者に大きな負担をかけていることになる。相談場面を録画する際には、弁護士にも一定の緊張感や心理的負担感があるだろう。こうした負担を相談者にも強いているということに、我々は敏感でなくてはならない。そして、相談者に必要以上の負担をかけないよう、事例を集める手続は慎重に進めたい。

2 相談場面録画の告知

相談場面を録画する企画は、相談窓口で事前に告知しておくとよい。電話で申し込みを受ける際には、電話口であらかじめ録画の趣旨を説明し、相談者に検討してもらう。録画について説明し同意を得た上で予約をとるようにすれば、相談者も心の準備ができるだろう。

どんな相談者であっても、相談機関を訪れてから「相談を録画してもよいか」と訊かれたのでは、心理的に負担がかかる。たとえば、こんな場面を想像していただきたい。あなたが体調を崩して病院に行ったら、待合室で次のように言われたとする。「今日は診察場面を録画させていただきたいのですが、いかがですか？　気がすすまなければ断っていただいてもかまいません」。このとき、あなたはどんな気もちがするだろうか。仮に気がすすまなくて申し出を断るにしても、待合室でいつもより緊張してしまったり、落ち着かない気分になったりするのではないだろうか。この例からもわかるように、事前に録画の承諾をとっておくことは必須である。

3 同意書を提示し署名を求める

相談をはじめる前に改めて、弁護士から相談者に相談場面録画の趣旨を説明する。説明の際には、簡単な書面を準備しておくと手続がスムーズになる。書面は、相談者ごとに2枚準備するとよい。一方は、相談者に署名を求め、その場で回収する。もう一方は、連絡先の控えとして相談者に手渡すようにする。

ここで説明する必要があるのは、以下の3点である。

① 相談場面録画の目的（それが相談者に納得のいくものであること）

② プライバシーの保護に関する具体的な説明

③ 協力を撤回する自由があること

参考までに、筆者らの研究会で使用した書面を、本章章末**資料1**に示す。**資料1**は、調査研究を念頭においた書面なので、事例収集の目的に応じて文言を変更する必要がある。なお、同意書の提出先は、ここでは「研究会」となっている。これも、事情に合わせて変更する必要があるだろう。

4 相談場面の記録

相談者の同意が得られたら、通常通りの法律相談にうつる。この段階で、相談場面の録音と録画を開始する。録音および録画に関する留意点は、第4部第2章「法律相談の記録とその手法」で詳述される。

また、相談者が書面を持参している場合には、許可を得たうえで書面の複写をとる。これも、事例を検討する際の重要な資料となる場合が多い。

5 アンケートの実施

相談者本人の感想を尋ねたい場合には、相談終了後にアンケートを実施するという方法がある。アンケートは回答に一定の時間を要するため、やる気を示さない相談者もいるだろう。しかし、相談場面を録画するというだけで、相談者にすでに相当の負担をかけている点を忘れてはいけない。協力するかどうかの選択権を相談者にある程度ゆだねるという意味でも、アンケートを渡してその場で回答してもらう、という方法が適切であろう。相談者に過度な負担がかからないよう、アンケートは10分程度で回答できる分量が望ましい。

相談者から率直な回答を得るためには、アンケートを実施する場所にも工夫が必要である。アンケート用紙に記入する場所は、弁護士の面前ではなく、一人で静かに記入できる空間を準備する。この場合、アンケートを回収した後、改めて相談場面録画への謝意を伝えることはいうまでもない。

また、事例検討会を念頭において、弁護士自身も同内容のアンケートに回答しておくとよい。相談者と弁護士の回答を比較することによって、両者の認識の一致やずれが明らかになるからである。事例検討会のステージ3でも弁護士の感想を尋ねるが、時間が経ってからの感想は、相談直後に記された感想とは異なる場合が多い。

参考までに、筆者らの研究会で使用したアンケートを、本章章末**資料2**に示す。**資料2**は自由記述式のアンケートであるが、事例検討の目的に応じて質問項目を工夫するとよい。たとえば、事件の難易度や相談者のタイプなどを担当弁護士が評定し、事例の特徴を明確にしていく、といった方法も考えられる。

④ 事例検討会を続けることの意味

1 課題の明確化と観察者的視点の形成

事例検討会は、単発で行うことにも意味はあるが、継続することによって参加者により多くの利益をもたらす。自分の担当した相談事例をいくつも検討することができれば、達成すべき課題はより明確になってくるだろう。

加えて、相談事例を批判的・多角的にみる目を養うことが、面接技法訓練において大変役に立つ。相談中にもっと配慮すべき点はなかったか？ うまくいっている点があるとすれば、それはどこか？ ほかにどんな対応が考えられるか？ 参加者同士のディスカッションにより、事例をみる観点が広がっていく。これは、相談にあたる弁護士としての視点のほかに、相談を観察する第三者的な視点を形成することにほかならない。観察者的視点をもっている弁護士は、かりに相談がうまく進まなくなっても、その場で理由を考えて柔軟に軌道修正することができる。こうした軌道修正の技法は、それ自体が重要な面接技法であるといえよう。

2 グループとしての発展とその留意点

事例検討会を続けていくと、単に参加者一人一人が変化するだけでなく、グループそのものも発展していく。個人を超えた、いわば集団としての成長である。たとえば、事例検討会で話しあいを重ねることにより、会としての研究・発見機能が発達することがある。本章第1節3でも触れたとおり、本書自体が、2年以上にわたる事例検討会の成果を蓄積したものとなっている。また、別の方向性として、回を重ねていくうちに教育・評価機能が充実してくる場合もあるだろう。この場合、グループの発展を見はからって経験年数の浅い弁護士を加えるなど、組織編成を見なおすことができる。このように、グループとしての発展可能性を考慮するならば、事例検討会は中長期的システムとして継続されることが望まれる。

最後に、グループとしての発展のための留意点について触れておきたい。第1節5で述べたとおり、事例検討会はあくまでも事後的な検討である。

そのため、緻密に議論すればするほど、細部に入り込みすぎる傾向がある。時には大局的な視点に立ち戻って考える必要があるだろう。また、議論が特定の観点に偏りすぎていると、参加者の考え方もだんだん偏ってきてしまうので、注意が必要である。事例検討会をより実り多いものにしていくためには、定期的に事例検討会の振りかえりの機会をもつとよい。事例検討会が参加者にとって利益になっているかどうか、率直に意見交換することで、バランスのとれた事例検討会を続けていくことができるだろう。

５ 本章のポイント

① 事例検討会の意義

面接技法の習得・改善という目的のために、担当した相談事例の経過を複数のメンバーで事後的に検討することを、「事例検討会」という。事例検討会は、実践現場に出た弁護士を対象とした面接技法訓練の一種であり、定期的な相互研修システムとして位置づけられる。事例検討会は様々な機能を果たすといわれており、参加者のニーズや実施目的に合わせて自在に組織し、利用することができる。本文中に挙げた利点や難点を考慮して利用したい。

② 事例検討会の実施方法

事例検討会の準備は、運営を管理する事務局を通じて進められる。事例発表のためには、相談場面を録画したもの、それを文字化した逐語録、相談者が持参していた書面のコピーなどを準備する。事例検討会の進行は、本文中で７段階に分けて解説されている。そして、事例検討会の終了後には、事務局が事後的な処理を行う。事例検討会の記録を作成しておくと、グループの発展に役立つ。

③ 事例を集めるための方法論

事例を集める方法論の一つとして、筆者らの研究会が用いた方法を紹介した。相談場面の録画が相談者にとって大きな負担となることに、我々は敏感でなければならない。

④ 事例検討会を続けることの意味

事例検討会を継続することによって、参加者の達成すべき課題はより明確になる。加えて、相談事例を批判的・多角的にみる目を養うことが、面接技法訓練において役に立つ。さらに、個人を超えてグループそのものの発展も期待できる。したがって、事例検討会は中長期的システムとして継続されることが望まれる。

参考文献

下山晴彦　2004　事例検討会　菅原郁夫・岡田悦典（編）　法律相談のための面接技法：相談者とのよりよいコミュニケーションのために　商事法務　292–300

原田杏子　2004　事例検討会の蓄積から研究への発展　菅原郁夫・岡田悦典（編）　法律相談のための面接技法：相談者とのよりよいコミュニケーションのために　商事法務　337–341

（原田杏子）

資料 1 調査同意書

法律相談に関する調査ご協力のお願い

当研究会は、弁護士と研究者からなる組織で、法律相談の向上を目指して相談面接の技法について研究を行っております。今回は、研究の一環として、法律相談の様子を記録させていただき、後ほど簡単なアンケートにお答えいただきたいと思います。

記録した内容およびアンケートへのご回答は、研究(学会での論文発表を含む)および弁護士の研修のために使用し、それ以外の目的で使用したり公表したりすることは一切ありません。また、上記の目的で相談の様子を公にするさいは、会話を文字化し、固有名詞を削除したもの、あるいは事実の一部を改変したものを使用します。画像の一部を加工して用いたり、個人を特定できる情報を公にしたりすることは一切ありません。あなたのプライバシーが侵害されることのないよう、細心の注意を払うことをお約束いたします。

なお、記録した内容およびアンケートへのご回答は、当研究会の事務局で管理し、当研究会の解散後 3 年を目処に廃棄処分いたします。調査中および調査後に協力を撤回したくなった場合、あなたが望めばいつでも撤回することができます。

以上の趣旨をご理解のうえ、ご協力いただけますようお願いいたします。調査に同意していただける場合には、お手数ですが、下記の所定の欄にサインをいただけますようお願いいたします。

調査者　○○○○研究会
連絡先　〒○○○
○○市○○区○○
○○○○○○○
○○　○○
Tel. & Fax ○○○○–○○○○

****

私は調査の趣旨を理解したうえで、調査への協力に同意します。

年　　月　　日　　　　　　　　氏名＿＿＿＿＿＿＿＿＿＿

資料２　相談者用アンケート

法律相談に関するアンケート

今回の相談に関していくつか質問をさせていただきます。

ご回答いただいた内容には、適切なもの、不適切なものはありませんので、ありのまま、感じたままを自由にお書きください。

また、アンケート結果をまとめるさいには、多くの方々の回答をあわせて扱い、あなた１人の回答のみを問題にすることはありません。あなたのプライバシーが侵害されることのないよう、細心の注意を払うことをお約束いたします。

1. あなたは今回の相談にどんなことを求めていましたか？

2. 今回の相談のなかで、あなたが求めていたことはどの程度満たされましたか？　あてはまる数字に○をつけてください。

   1）十分満たされた
   2）まあ満たされた
   3）どちらとも言えない
   4）あまり満たされなかった
   5）まったく満たされなかった
   6）わからない

3. あなたは、相談を受けてくれた弁護士の態度にどの程度満足しましたか？　あてはまる数字に○をつけてください。

   1）十分満たされた
   2）まあ満たされた
   3）どちらとも言えない
   4）あまり満たされなかった
   5）まったく満たされなかった
   6）わからない

4. 相談の中で、最も「助けになる」「役立つ」と感じられたのはどんなことですか？　できるだけ詳しくお書きください。

5. 4. で書かれたことが「助けになる」「役立つ」と思われたのはどのような理由からですか？

6. 4. で書かれたこと以外に、今回の相談のなかで重要だと思われたのはどんなことですか？「役に立たない」と思われることも含めて、できるだけ詳しくお書きください。

7. その他、相談中に考えたこと、感じたことがありましたらご自由にお書きください。

8. 今回の相談に限らず、一般的に、法律相談に求めることがあればお書きください。

ご協力ありがとうございました

第5章 法律相談を評価するポイント

1 注意すべきポイントを考える意義

法律相談の事例検討会やロールプレイの実演などで、自分以外の人から法律相談を評価してもらう場があるだろう。その評価はより多面的かつ客観的なものとして、自分自身の参考となるだろう。また、自分自身で実際の法律相談を後から見なおすときがあるかもしれない。しかし、実際に法律相談を検討するときに必要と思われることは、どの視点から注意して観察するかである。もちろん漫然と眺めているだけでは、また、たんに思いかえしてみるだけでは、実りある効果を期待することは難しい。

法律相談を評価するときにポイントがわからなければ、どこを注意すべきかわからず困惑することにもなるだろう。理想的には法律相談の一連のプロセスを精緻に構成し、その視点から検討するのがよいのかもしれない。しかし、実際の法律相談は、必ずしも一連のきれいなプロセスのように経過するわけではない。法律相談は、行きつ戻りつしながら進んでいくことが多いのである。

本章では、実際の法律相談をビデオ撮影し、弁護士、法学者、臨床心理学者がそのビデオを見ながら議論した記録を素材として、その議論のポイントを提示する。法律相談を評価するときに注意すべきポイントを抽出することが、本章の目的である。ポイントを抽出する作業を通じて、相談担当者は自分の法律相談を検証することが容易になるだろう。また、担当者は他人の意見を聞くことができ、今後の実務に役立てることもできるに違いない。さらに第3章・第4章のようなロールプレイや事例検討会において、多くの人々がポイントを共有することが可能となるだろう。

以下では、情報収集過程と判断形成過程に分けて、ポイントを提示する。この区別は、米国で発展したリーガル・カウンセリング理論での分け方とほぼ同じである。ただしこの理論は、継続的な法律相談を前提としている。本書は30分から1時間の初回法律相談という枠組みを前提としているため（第1部第1章4節）、さらに終了過程を検討項目に加えた。また法律相談に来訪する相談者は様々である。評価するにあたっては相談者の特性について議論することも多いであろう。そこで本章では、とくに、相談者の特性についてチェックすべきポイントを提示する。

❷ 注意すべき基本的な視点
——事実の的確な収集と相談者のニーズの十分な把握

法律相談は、一連の流れに沿って展開される。したがって、個々の会話が相談全体に影響することがある。個々の会話を検討していくと、最終的には、よい法律相談とは何かを追求する上での重要な基本的事項を検討することに繋がる。その基本とは、相談者のニーズを十分に把握できたのかどうかである。

法律相談においてはニーズを十分に把握できたか、また事実を十分に確認することができたかを検討する場面が、大半を占める。中でもニーズを十分に把握できないと、どのような事実を収集する必要があるのかもはっきりとしない場合が多いであろう。相談者のニーズは何かを考慮することは、基本的な柱なのである。

相談者のニーズが把握できないと、会話の繰り返しが生じたり、堂々めぐりが生じることがある。また、ニーズを把握しておかないと、必要とされる論点とその解決策を提示できないまま、法律相談を終了させてしまうことにもなりかねないであろう。相談者のニーズが、法律問題の背後に隠された法律問題以外の問題であることも多い。あるいは、相談者はニーズを複数抱えていることが普通である。相談者自身が自分のニーズに気づいていないこともある。

このように、ニーズを把握することは重要であると同時に、ケースによって様々な状況が考えられる。なかでも、とくに筆者らの検討会で議論になったポイントとして、以下のものがある。

① 多様なニーズを把握できたか

法律相談を求める相談者のニーズは多様である。多様なニーズが存在するために、「この人のニーズは、本当は何だったのだろうか」ということが重要なポイントとなる。

法律相談では、弁護士でも見ず知らずの相談者に振り回されたくないといった、相談者に対する警戒感をもつことがある。この警戒感は、法律相談を良好に進めるにあたって障害となる。つまり、多様なニーズの中で弁護士が相談者の真のニーズを探そうとせず、不都合なニーズを回避してしまう場合である。法律相談には、この警戒感を生じさせるような相談者のニーズの複雑さが内在している。したがって法律相談を評価する際には、相談者が抱えている多様なニーズをできるかぎり把握したかどうかをポイントとすることになる。

② 法律的枠組み以外のニーズを把握できたか

弁護士が法律の回答を相談者に提供するだけでは、じつは相談者のニーズが満たされないこともある（第１部第１章３節②）。相談者の求めているものは個々のケースによって様々であるが、なかでも法律的枠組みだけでは十分な回答とはならない場合もある。そのようなときは、弁護士が当然の前提だと考えているニーズが、じつは相談者の抱えているニーズと一致していない。法律的枠組み以外のニーズを把握できたかどうかが、評価のポイントとなる。

③ 複数のニーズの中で、優先されるニーズを把握できたか

相談者が複数のニーズを抱えているとき、優先されるニーズは何かが評価の対象となることがある。とりわけ、公的な法律相談あるいは弁護士会の法律相談センター等の法律相談の場合には、弁護士は限られた時間で相談を受けなければならない。相談者は、場合によってはあれもこれも相談したいと求めることもあろう。このとき、弁護士が優先順位を聞かずに場当たり的に

対応していると、肝心のことを相談できずに終了しかねないだろう。何が優先されるべきニーズかが、考慮すべきポイントとなる。

❸ 情報収集過程のポイント

1 相談者のニーズを十分に把握できていたか

とくに、情報収集過程において、ニーズを把握できていたのかどうかが評価の対象となることは多い。

最初の段階で、弁護士が相談者のニーズを勝手に決めつけていないかどうかは、重要なポイントである。ニーズは最初からはっきりしているわけではは必ずしもない。しかし、弁護士がニーズを十分に把握できていないと、じつは、弁護士が勝手に思いこんでいるニーズについてだけを訊いてしまうことになりかねない。そうなると、真のニーズについてはあまり訊けずに、相談を終了させてしまうだろう。弁護士は、当初、相談者のニーズと思われることを、とりあえず頭に置いて話を聴くだろう。しかし、真のニーズがほかにあるのか、つねに気に留めながら相談を進めることができたかどうかが、情報収集段階では、重要なポイントである。

2 事実確認を十分に行うことができたか

第二の柱として考えられるのが、事実を十分に確認することができたか否かである。事後的に検討を行う場合に、その点がまずは評価の対象になることが多い。具体的には、以下のような項目が、評価のポイントとなる。

① ある事実について確認すべきであったかどうか、それは何か

事実確認は、具体的な解決策の提示をするための判断資料として重要である。そこで、まずは「もう少しこの点も訊いておけばよかったのでは」などといった評価がなされることもあるだろう。場合によっては、オープン・クエスチョン、クローズド・クエスチョンをうまく使い分けて、質問をすることができたかが、ポイントとなる。

② 時系列に事実を聴き取ることができたか、十分にストーリーを作れたか

十分に事実関係を整理することができたのかどうかは、評価の対象になる。時系列に事実を聴き取ることができたのか、相談の内容について十分にストーリーを作ることができたのかが、ポイントとなるであろう。とくに、時系列に整理することは、有効な事実確認の一手段と考えられる。

③ ケースの特性に応じて、事実を収集することができたか

たとえば、民事事件の場合には、法律の要件に関連する事実を確認する作業が必要である。しかし、刑事事件の場合には、本当の事実は何なのかを細かく特定して理解することがより重要であると指摘されることがある。そのほか、法律相談には、離婚や、労働関係についてなど、それぞれ事件に特性がある。事件の特性に応じて、事実を収集することができたのかが評価の対象となる。

④ 仮定と事実を区別することができたか

また、事実を確認するときには、仮定の話と、事実の話とを区別することができたかどうかも、重要なポイントである。相談者自身が、じつは事実であるかどうかよくわからなかったり、仮定的に話をする場面もある。仮定の話を事実のように扱ってしまっては、誤った結論を出すことになりかねない。事実を収集する際に、これらの区別を気に留めることができたかどうかは、結論を導くうえで重要なポイントである。

⑤ 法律以外の分野の専門用語を確認することができたか

法律以外の分野の専門的用語が出てきた場合には、弁護士自身がその用語を理解していないことがある。たとえば、建築現場の専門用語であったり、コンピュータ用語、金融用語が出てきたりすることがある。その場合に、弁護士が相談中に専門的用語の意味を確認しておかないと、事実の確認が不十分に終わるかもしれない。弁護士として、明確な解決策を出すことができない可能性も生じる。

3 相談者に対して、十分に「聴く」姿勢がとられていたか

本書は、弁護士の「聴く」姿勢を重要な柱としている。まずは相談者の話を聴くことによって、相談者の真のニーズを引き出し、満足のゆく相談を実現することができると考えている。したがって、そのような姿勢がみられたかは重要なポイントである。しかし、本人にとっては聴くつもりであったとしても、そのような対応にはならないかもしれない。むしろ、他人からいろいろと指摘されることによって、はじめて認識することも多いだろう。

「聴く」姿勢がみられない場合の注意点としては、どのような兆候があるのだろうか。主に、次の3点を挙げることができる。

① 弁護士の話が長すぎないか

② 相談者が自由に話しているか

③ 弁護士からの中断・会話の遮りがないか

これらは、一つのプロセスを弁護士、相談者の話す長さに注目した場合と、具体的な中断・遮断の現象に注意した場合とに区別して提示したものである。このほかに、その人の態度とか、目線、うなずき・繰り返しなどもポイントとなることもある。相談者との会話が途中で途切れてしまっているかどうかも、一つの指標である。

これらと関連して、以下の事柄も重要である。

④ 見とおしの立て方、時期は適切であったか

とくに法律相談においては、見とおしの立て方、時期についても注意すべき場合がある。たとえば、ある話題によっては、弁護士が、これは典型的な問題だからと最初から勝手に見とおしを立て、十分に話を聴かずに結論を急ぐ場合がある。また、すでにわかっている情報であったとしても、弁護士が聴く態度を示さないことによって、相談者が満足しない場合もありうる。相談者にとっては十分に話すことができず、後で悔やんで、不安に思うこともありうるであろう。しかし、ある程度話を聴いた段階になると、時間的な制限から、弁護士が見とおしを立てて相談者に細かく訊くことも必要になる場合がある。したがって、見とおしの立て方と時期が適切であったのかは重要なポイントとなる。

⑤ 弁護士の介入は適切であったか

情報収集過程で、弁護士が相談者の会話を止めて質問すべきかどうか、あるいはそのような介入が適切かは、重要なポイントである。相談者に話を委ねた結果、焦点が定まらないと、弁護士には何を聴いて何に焦点を当ててよいのかがわからない場合もある。また弁護士があまりに相談者の話すことに気をとられていると、じつは相談者のニーズとは関係のない情報ばかりを収集してしまうことになりかねない。相談者が自分の法律相談について関係ある情報だと思っていたとしても、それは問題解決のためには関係ない情報だということもある。弁護士にとっては聴くことと焦点を絞るために尋ねることという、相反することをいかに按配して実践していくかが重要な評価のポイントである。

4 基本的な法的枠組みを確認できているか

情報収集段階のときには、法律的な枠組みは何かを確認することは重要なポイントである。

① 法律上の基本的事項を確認できていたか

たとえば、専門的な特殊な事例を想定してみよう。そのような場合にはその専門的な法律問題に精通している弁護士から、基本的に訊くべき事項を指摘してもらい、確認する作業が必要になることもあるだろう。しかし、いずれにせよ、どの観点から事実を訊く(聴く)必要があるのかを確認することが重要である。かりに、不得意な分野の法律問題の相談のときには、どのように事実を要領よく訊く(聴く)ことができたのかはポイントになる。また、法律相談の類型によっては具体的に確認すべき事項がある。これらの事項をしっかりと確認できていたのかどうかが、考慮すべき事柄であろう。

② 基本的な法律枠組みを相談者に説明できていたか

相談者は法律問題に疎《うと》いということを、まずは基本的な前提とするべきであろう。最初の段階で基本的な法律枠組みを説明しておけば、事実を容易に収集することが可能なことも多い。そこで情報収集を行う段階で、基本的な法律枠組みを相談者に説明できていたかどうかが、評価の対象となる。十分に事実を把握しなければ、法律問題について回答できないこともある。しかし、弁護士から何らかの回答を示さなければ、相談者が安心して相談できないことも考えられる。

そこで法のしくみについて簡単に説明すべきであったのか、どのような説明が必要であったのかを考慮することがありうるだろう。たとえば、「訴えるぞ」といわれていて「訴えられたら困る」と非常に不安に思っていた人がいたとしよう。その場合に、裁判に訴えることの意義などについて説明する必要があるかもしれない。説明の内容はケースによって様々であり、情報収集の段階で果たして妥当かどうかも検討の対象になるだろう。

5 共感的な姿勢が見られたか、相談者の感情に配慮できたのか

これらと連動して、本書が提唱している「共感的態度」があったかどうかもポイントとなるであろう。もっとも、共感的態度がなかったというマイナス面から検討することよりも、実際には、共感的態度があったというプラス面の指摘が多いと予想される。プラス面の評価を積極的に行うことも必要であろう。また、すでに指摘したように、法律相談では法律問題の解決に重点がある。したがって、「なぜこの人はこのようなことをやってしまったのか」といった「感情的」側面を見おとしがちになる。しかし、そのあたりを根気よく我慢して聴いてみると、いろいろな情報を収集することが可能な場合もある。

たとえば、相談者が悪いといった印象を与えてしまうと、コミュニケーションが円滑に進まない。場合によっては、弁護士が気づかなかった相談者の心情について、いろいろと配慮すべきかどうかが議論のポイントになることも多い。見逃していた心情がじつは重要なポイントで、場合によっては法律相談の今後の進行に大きく影響したかもしれない。隠されている感情が問題の根幹であったりする。

また、相手を安心させることができたのかどうかも重要なポイントである。たとえば、30 分という制限時間の中で、相談者はいろいろと相談したいと思って急いで話すことがあるだろう。その際には、安心感を与えることができたかどうかは大きなポイントの一つになる。また、ニーズを考える上で、相談者の不安に弁護士が配慮できたかどうかは重要ポイントになる。法律相談に来訪する相談者は法的なトラブルを抱えている。したがって、その

法的なトラブルと関連して様々な不安を抱えている。そこで法律問題を解決することのほかに、様々な説明を施すことによって不安が解消される場合もあるだろう。法律的な問題の解決と、その背後にある不安の解消のような相談者のニーズが相互に絡《から》みあっている場合もある。本人が望んでいることは何か、いろいろと検討してみることが、ここでも基本的な事柄となるだろう。

一方で共感的態度が適切かどうかも考慮すべきポイントとなる。たとえば、相談者の非常識な発言に対しても、弁護士が適切に対応することができたかどうかである。この場合に、弁護士が簡単にうなずいて同調しては、非常識な発言を肯定することになる。

6 相談者の特性を的確に判断できていたか

そのほかに、相談者の特性を的確に判断できていたかは重要なポイントである。これは、弁護士からすればあまり意識されない事柄である。しかし、対人関係をより意識するとすれば、一層検討されるべき視点である。

① 相談者の理解する力の程度を把握できていたか

まず、相談者の理解する力の程度を的確に判断できていたかどうかは重要である。相談者の理解する力を判断できていないと、弁護士の意図が十分に伝わらない場合がある。また、すでにいろいろと法律を調べてきている人か、法律知識に疎い人かといった問題まで、その特性を把握することが必要になる場合がある。

とくに、法律問題について相談者が自分で調べているかが、検討のポイントとなることは多い。その場合には、相談者自身が調べたことを正確に理解しているかどうかも考慮して、もし十分には理解していないとすれば、弁護士が法律を的確に説明する必要があるということもポイントになるだろう。

② 相談者のおかれた状況や個性に応じた対応ができたか

一方、相談者の個性に応じた対応ができたかどうかも検討すべき事柄となるだろう。たとえば、法律相談の場で相談者が緊張している場合がある。そこで、弁護士が緊張感をほぐす世間話のようなこと（アイス・ブレイキング、第

2部第3章3節)ができたかどうか、などと議論することができる。このような対応は時間の有効活用には反することになるかもしれないが、場合によってはその後の相談過程がスムーズになることも考えられる。

相談者が法律相談に求める動機が積極的か消極的かということも考えることができるだろう。弁護士の話をよく聴く姿勢があるか。ある事柄について先入観が入っていないか。話をすることが得意かどうか。事実関係をしっかりと整理しているかどうか。相談者が理性的、合理的に説明できているか、など様々である。相談者が理性的、合理的に説明できていないような場合には、弁護士が取りまとめて本人が言えないところは代わって言うような対応が必要ではないか、といった検討ポイントもありうるだろう。

ただし、こうした場合でも相談者の特性自体を悪いものと考えないことがここでは重要である。個々の相談者に対してどのように対応すべきかという観点から、ものごとを検討する必要があるだろう。

7 相談者に対して十分に説明することができたのか

① 難解な法律用語・法手続への説明は十分であったか

弁護士と相談者とは法律知識に格差がある。相談者にとって難解な法律用語や手続の説明は十分かという視点は重要である。弁護士の説明によって、相談者は何らかの安心感を得ることもあるだろう。

しかし場合によっては、法律を説明することが難しい場合もある。そのような場合は、具体的な説明を留保できていたかどうか、そのための説明は妥当かどうかもポイントになるだろう。法律用語などを言い換えて説明するような心がけがあったかどうかも、検討の対象になる。相談者が法律用語を理解していない場合には、相手の理解の程度を確認しながら説明できたかどうか、検討することも考えられる。

相談者はわからないことがあっても、なかなかわからないとは言い出せないものである。弁護士からの十分な説明がないため、相談者が相談内容に満足しないことも考えられるから、このポイントについては気をつける必要がある。

② 法律用語以外の法制度に対する説明は十分であったか

法律用語や手続以外にも、広く法制度についての説明が十分であったかを考えなければならないこともある。相談者は必ずしも司法制度を熟知しているわけではない。たとえば裁判所の利用のしかたや役所について（公証役場など）説明したり、銀行実務などを簡潔に説明したりすれば、相談者の理解が得られる場合がある。弁護士の日常業務にとっては基本的な知識であったとしても、相談者はあまりよく知らないことも考えられるため、この点にも注意するとよいだろう。

③ 説明するときに、その意図を十分に理解してもらえたか

少し角度を変えると、弁護士が説明するときに、説明の意図を十分に理解してもらうことができたかといった視点からアプローチすることも可能であろう。弁護士の意図を説明することによって、弁護士の話す内容を相談者が理解しやすくなる場合があるからである。たとえば、仮説を立てて説明することができたのかどうか、少し説明を付け加えて話した方がよかったのではないかなどを検討することが考えられる。

④ 説明は正確だったか

具体的な説明、とくに法律知識の説明の「正確性」は、検討対象としては基本的事項である。弁護士の説明が曖昧であれば、相談者が混乱することも考えられる。相談者からの信頼が損なわれないとも限らない。この点は経験を積んだ弁護士よりも、経験の浅い弁護士に対して問われることが予想される。

⑤ 伝え方に工夫はあったか

説明するときの「伝え方」が、考慮のポイントとなることも考えられる。たとえば、難しい言葉が出てきたときに紙に書いてみた方がよかったのでは、といったような検討がありうるであろう。話し方が速すぎないかどうか。話す時間が長すぎないかどうか。重要だと思うことはていねいに説明することができたかどうかなども、考慮のポイントとなることが多い。

⑥ その他に説明することはあったか

相談者の目的以外に、何か説明する必要があったのかどうかも検討することができる。相談者が何かの目的をもっていて、そのニーズに即して弁護士が法律用語や司法制度を説明していたとしても、説明したりないことがあるかもしれない。場合によっては説明しわすれていたことを説明していれば、違った展開になることも考えられる。あることについて説明した方がよかったのでは、といった形で検討することもできるだろう。

8 質問のしかたは適切だったか

① 質問するときに、その質問の意図を十分に理解してもらうことができたか

説明のときと同じように、具体的な質問方法について、評価の対象とすることができるであろう。質問するときにも、その質問の意図を十分に理解してもらうことができたかどうかは重要なポイントである。質問によっては、こちらの質問の意図を説明することによって相談者の理解が得られ、会話がスムーズに流れる場合があると考えられる。

② 適切なタイミングで質問をすることができたか

適切なタイミングで質問をすることができたかどうかも、重要なポイントである。質問が多すぎたり十分に聴かずに質問をしたりすると、事実関係を十分に把握できなくなることが考えられる。タイミングを逸すると、逆に話がまとまらないこともあるだろう。

③ 話し方は適切か

質問のしかたをめぐっては、具体的な話し方が適切であったのか、率直に評価することが考えられるであろう。相談者への対応を十分に配慮しているかどうかが検討事項として考えられる。

とくに関心が集まるのは、相談者の話を中断して質問するときの話し方である。たとえば、相談者が早口で話していたときに、弁護士が「ちょっと待って、あなたの相手というのはＡさんか」といった質問がよいか、悪いかを評価することができるだろう。「ちょっとよくわからないから教えてほしいのですが」といった対応の工夫なども、検討されうるだろう。ただしす

でに指摘したように、相談者が暴走してしまうとすれば、適当な介入があったかどうかがポイントになる。場合によっては少し話を止めて、問題を整理することができたかどうかを考慮することになるだろう。ただしここでも、相談者を尊重して、相談者の立場に立って考えることが基本的な前提である。したがって、どのような相手であるのかの見極めと同時に、やわらかな形で質問できたかどうかなどが評価の対象になるだろう。

9 相談者が持ち込んできた資料に対して適切に対応できたか

相談者が持ち込む資料を十分に考慮できたのかも、検討のポイントとなる。資料をまったく無視してしまっては、相談者の反感を招くことになりかねない。資料がある場合には、情報収集段階で有効に活用できれば、早めに適切なアドバイスができることにもなるだろう。しかし資料に固執しすぎると、無駄に時間を費やすことにもなりかねない。すでに自明の資料であれば、逐一検討する必要もないであろう。このように資料についての対応のしかたを評価することが考えられるであろう。具体的な状況に応じて率直に検討することが可能である(第3部第4章、第5章参照)。

また、資料はどのように作成されたのか、誰が作成したのかなど、資料について必要な事項を訊くことができたかどうかも、考慮すべき重要なポイントとなることがあるだろう。

④ 判断形成過程のポイント

1 事実関係、論点を十分に整理することができたか

判断形成過程は、弁護士が具体的に選択肢を提示することと、それを相談者が検討し、判断していくという重要なプロセスである。この過程での検討のポイントとしてまず挙げられるのは、事実関係や、法律上の論点、法律とは関係ない相談の論点を十分に整理することができたかどうかである。実際に、その他の人が見ると、具体的なアドバイスのほかに、別の可能性についても考えてみた方がよかったのではと指摘されることは多いであろう。相談

がある程度進んだ段階で見落としていた論点があるのかといったことが、検討の対象となるであろう。弁護士が法律相談の論点を整理できたかどうかは、様々な可能性を考えるうえで、弁護士の能力が最も試されるところでもあるだろう。

2 解決策としての選択肢を十分に説明、指摘することができたか

次に、重要ポイントとなるのは、弁護士が、解決策としての選択肢を十分に説明、指摘することができたのかである。具体的には、

① 選択肢として指摘しわすれたことはなかったか

② 感情的側面にも配慮した選択肢を提起できたのか

③ 自分で思いついた選択肢だけを提示していなかったか、もう少し、選択肢の幅を広げることができなかったかどうか

④ 相談者の判断を尊重できたか

といった視点が評価のポイントとなる。弁護士の独断によって選択肢が必要以上に削減されて提示されるとすれば、相談者からの納得が得られない可能性が高まるだろう。最終的にどの選択肢を解決策として採用するのかは相談者が判断することになるが、範囲を狭めてしまうとその相談者の判断が尊重されないことに繋がるかもしれない。基本的には選択肢のメリット、デメリットを説明し、相談者がどれを解決策として選択するのか、弁護士が相談者の判断を助けるために情報を十分に提供できたかどうかが重要な検討事項となる。

⑤ 選択肢の提示の程度、説明のしかたは適切か

一方でいたずらに解決策を拾い上げるとすれば、要を得たアドバイスとはならない。野放し的に選択肢を提示するだけでは、相談者もどれを参考にしてよいのかわからずに混乱するだろう。提示した選択肢の中で、相談者が適切に判断できるように説明することも、弁護士の役割として重要である。そこで、適切な範囲の選択肢を提示できていたかどうか、または、選択肢の提示のしかたなど、議論の余地が残される。法律関係が複雑に絡みあっている場合には、すべてを勘案すべきなのか。それとも切り離して検討すべきであったかどうか。その程度は相談者のニーズの問題とも関連する。場合によっては、一つの選択肢について一般論だけでよかったかどうか、より具体

的に説明した方がよかったかどうかなども、考慮すべき事項となるだろう。

⑥ 選択肢のメリット・デメリットを十分に説明できたか

法律相談の解決策には、相談者の希望に沿うようなメリットのある選択肢と、相談者の希望がかなわないようなデメリットの要素が多分に含まれる選択肢がある。それぞれのメリット・デメリットを適切に説明できていたのかは、検討の対象となるだろう。デメリットの要素が多分に含まれる選択肢で、本人にとっては不本意と思われる選択肢についての説明のしかたは、とくに検討の対象となることが多い。たとえば、訴訟を考えている人に「訴訟は無理である」といったことを十分に説明できたかどうかは、重要なポイントとなりうるであろう。

2 提示した解決策は妥当だったのか

法律相談の解決策が法律関係として妥当だったのかは、弁護士がまず注目するポイントである。ただし、弁護士の間ではおのずとこのポイントにのみ関心が集中しがちになるため、この部分に偏らないように注意すべきである。

① 法的結論を出すにあたって、慎重だったか

この点で、提示する解決策についての結論づけが慎重になされたものかどうかも、検討の対象になりうる。

たとえば、最終的な賠償額がいくらになるのかといった相談が典型的な相談である。しかしこの種の相談は、弁護士としては簡単に結論を出すことができない質問でもある。むしろこのような事例では、事実が十分に把握されているのかどうかが重要である。簡単に事実関係を聴いただけで、一律に機械のごとく回答を提供することができないことが多い。したがって、回答を慎重に行うということと、なぜはっきりと回答できないのか、相談者に十分に認識してもらえるように弁護士が説明できているかどうかが、評価のための重要なポイントとなる（第３部第４章）。

このように弁護士の回答となる解決策の正確性のほかに、慎重に回答できているかどうか、弁護士の提供したその解決策について相談者に理解が得られているかどうかなどがポイントとなる。

❺ 終了過程

法律相談ではすっきりと終わっているが、じつは相談者が十分には納得せず、弁護士も不十分な相談内容を確認できずに終了する場合がある。また、終わり方は相談者に安心感、満足感を与えるうえで重要となることは多い。そこで、相談者に対して法律相談の終了について納得が得られているかどうかという観点から、相談過程を検討することも必要である。

① 具体的な指示があったかどうか。今後の見とおしを十分に説明できているか

一般的には、具体的な指示があったかどうか、今後の見とおしを十分に説明できているかどうかが、重要なポイントとなるであろう。たとえば、問題を整理してシミュレーションをある程度示すことができたかどうかなどが、検討の対象になる。

② 弁護士費用・経費の説明は適切であったか

相談者が、弁護士を依頼することを念頭に置いている場合や、少し考えているような場合には、弁護士費用・経費の説明が適切であったかもポイントとなる。場合によっては、弁護士が相談者に費用・経費を早めに説明しておくと、本人のニーズがより明確になり問題解決の質を高めるということも考えられる。

③ 本人のニーズに応じた具体的な手続について、十分に説明できていたか

本人のニーズに応じて具体的な手続を十分に説明できていたかどうかも、重要である。裁判のしくみや、法律上の書面の意味、手続の進め方などを、十分に説明できていたか。場合によっては、弁護士以外のところに相談に行くべき方法を説明できたかどうかも、検討の対象になる。

④ 切り捨ててしまうような対応をしていなかったか

弁護士が、相談者の持ち込んできた相談を切り捨ててしまうような対応をしていなかったかは、重要なポイントである。自分の手に余る仕事だと判断

し、相談をすぐに終了させてしまっては、相談者が満足する法律相談は実現できないであろう。とくに、本来的には法律問題として真剣に考えるべき事柄であったのに、十分に検討できていたかどうかなどが、評価の対象となるだろう。

また、法律相談の内容が、弁護士の扱うことのできる内容ではない場合もありうる。しかし、弁護士がその相談を法律問題ではないとして安易に切り捨ててしまうのではなくて、何かアドバイスできたのではないかという観点から色々と検討してみることもありうる。相談者にとっては法律問題の解決以前の不安が重要であったりする。不安を解消するためにどのようなアドバイスがあったのか、共感的な対応をどのようにとったらよいのかなど、終了段階で検討することも可能である。

⑥ その他総合的に考察するうえでのポイント

これまで具体的なプロセスを３段階に分けて検討した。最後に法律相談を総合的に検討するポイントを考える。

基本的には、すでに指摘したように、ニーズを十分に把握できたかどうかが最大のポイントである。法律相談ではニーズの把握が十分であったのか、そのための具体的な事実確認・情報収集は十分であったかを検討することが大変に重要である。たとえば、ニーズを十分に把握できないと、後の方になって「もう一つ」とニーズが登場して、さらに時間がかかってしまうことにもなりかねない。これらは個別に考える場合だけではなく、結局のところ、その相談のプロセスが十分であったかどうか、成功していたかどうかを判断するときに重要なポイントとなる。

① 時間配分は適切か

この点は、時間配分が適切だったのかを問うことにも繋がる。

たとえば、冒頭で情報収集の時間を十分に費やしていたのかなどは検討ポイントとなる。冒頭に時間を割いて、求めていたものを十分に確認できていたかどうかが、ここでは問われることになる。また、どこまで時間を割けばよいか、時間を割く必要がなかったかといったポイントが考えられるであろう。さらに、相談者が持ち込んだ資料の検討に時間を割く必要はあったのかも、総合的に考察することができるであろう。

② 相談者とお互いに考えながら進めることができたか

次に、十分に相談者が理解できていたのか、問題点を共有し、お互いに考えながら進めることができたのかが考えられる。

弁護士は、法律知識の正確性を、基本的な事柄として注意する必要がある。しかし、それだけで相談者の納得が得られるわけでは必ずしもない。相談者の抱えるニーズへの理解を深め、両者が共有できていたのかが、納得を得られる過程として重要である。すなわち、たんに法律知識を提供するだけではなく、どのように感情を共感でき、問題を共有して検討していけたのかが重要となる。

また、一般的にいえば、弁護士にとって得意でない問題が生じたりすると、弁護士は話題を変えてしまうこともあるだろう。しかし、それでは会話が堂々めぐりになってしまったり、相手の納得の得られないまま、相談が不調に終わることになりかねない。それゆえこの協働して考えるというポイントは、総合的に検討する上で重要と考えられる。

③ 弁護士の倫理上の対応は適切か

その他、弁護士の倫理上の対応は十分であったかどうかも、検討の対象になりうるだろう。たとえば、違法なことを行いたいという相談、あるいは法的に認められないことを相談者がしてしまうような内容の相談になった場合を考えてみよう。この場合には、法律的枠組みを十分に説明して違法な行為だと説明し、予防的な措置を講ずることができたかどうかが、重要な議論の対象となるだろう。弁護士倫理に抵触するようなことがあるかどうかも、ポイントとなるだろう。

④ 複数相談者（利害対立者）がいる場合の対応は適切か

複数の相談者（あるいは、利害対立者）がいる場合の対応は適切かどうかも、相談事例によっては考慮すべき事柄である。そのときには、相談者のニーズにより、収集する事実の焦点も異なる可能性がある。場合によっては弁護士倫理が問題となることも考えられる。さらに相談者をとりまく人間関係の感情的側面を配慮する必要も、より一層高まるだろう。その配慮によって、具体的にどのように対処していくべきか、解決策が異なることも考えられる。事実収集、ニーズの確認は、相談内容が複数の人々に関係してくる場合には極めて重要である（第３部第３章参照）。

具体的には、利害対立、複数の人物の立場、人物関係を十分に把握できていたかどうかなどが検討事項となるだろう。複数の相談者がいることによって、コミュニケーションを十分にとることができたかどうか。個別に考慮すべきことはあったかどうか。誰を念頭において解決策を提供すべきであったのかなど、考慮すべき事柄は多岐にわたる。どの相談者の立場を配慮して、相談を進めていくべきなのか、質問をしていくべきなのかなどが検討、評価されることになるだろう。

⑦ 本章のポイント

これまで示してきた評価のためのポイントは、実際に試みてきた法律相談の事例検討会の議論の蓄積から抽出したものである。具体的な会話の流れ、状況に応じて検討会では議論されてきたため、個々の法律相談にこれらのポイントがそのまま当てはまるというわけではないだろう。ここでは、法律相談を評価するにあたっての共通の材料として、また、ロールプレイでの評価、自己評価のための、あくまでも参考としてのポイントを提示した。

以下の表はこれまでのポイントをまとめたものである。ただしこれらはあくまでも例示であり、これら以外の要素が分析次第で付け加わることを否定するものではない。それぞれの要素が場面によっては両立しえないことも考えられる。どのポイントを考慮するかは、個々の状況に従って判断してもらいたい。

［注］本章は、菅原郁夫・岡田悦典編『法律相談のための面接技法』（商事法務、2004）342–351 頁〔岡田悦典執筆〕をもとにして、さらに 12 事例の検討会で

議論されたものを参照して、大幅に加筆、修正を加えたものである。

（岡田悦典）

事例検討会における重要なポイント

基本的なポイント	
1 事実を的確に収集し、相談者のニーズを十分に把握できていたか	
①	多様なニーズを把握できたか
②	法律的枠組み以外のニーズを把握できたか
③	複数のニーズの中で、優先されるニーズを把握できたか
情報収集過程のポイント	
1 相談者のニーズ(目的)を十分に把握できていたか	
2 事実確認を十分に行うことができたか	
①	ある事実について確認すべきであったかどうか、それは何か
②	時系列に事実を聴き取ることができたか、十分にストーリーを作れたか
③	ケースの特性に応じて、事実を収集することができたか
④	仮定と事実を区別することができたか
⑤	法律以外の分野の専門用語を確認することができたか
3 相談者に対して、十分に「聴く」姿勢がとられていたか	
①	弁護士の話が長すぎないか
②	相談者が自由に話しているか
③	弁護士からの中断・会話の遮りがないか
④	見とおしの立て方、時期は適切であったか
⑤	弁護士の介入は適切であったか
4 基本的な法的枠組みを確認できているか	
①	法律上の基本的事項を確認できていたか
②	基本的な法律枠組みを相談者に説明できていたか
5 共感的な姿勢が見られたか、相談者の感情に配慮できたのか	

6 相談者の特性を的確に判断できていたか	
①	相談者の理解する力の程度を把握できていたか
②	相談者のおかれた状況や個性に応じた対応ができたか
7 相談者に対して十分に説明することができたのか	
①	難解な法律用語・法手続への説明は十分であったか
②	法律用語以外の法制度に対する説明は十分であったか
③	説明するときに、その意図を十分に理解してもらえたか
④	説明は正確だったか
⑤	伝え方に工夫はあったか
⑥	その他に説明することはあったか
8 質問のしかたは適切だったか	
①	質問するときに、その質問の意図を十分に理解してもらうことができたか
②	適切なタイミングで質問をすることができたか
③	話し方は適切か
9 相談者が持ち込んできた資料に対して適切に対応できたか	
判断形成過程のポイント	
1 事実関係、論点を十分に整理することができたか	
2 解決策としての選択肢を十分に説明、指摘することができたか	
①	選択肢として指摘しわすれたことはなかったか
②	感情的側面にも配慮した選択肢を提起できたのか
③	自分で思いついた選択肢だけを提示していなかったか
④	相談者の判断を尊重できたか
⑤	選択肢の提示の程度、説明のしかたは適切か
⑥	選択肢のメリット・デメリットを十分に説明できたか
3 提示した解決策は妥当だったのか	
①	法的結論を出すにあたって、慎重だったか

終了過程のポイント
1 具体的な指示があったかどうか。今後の見とおしを十分に説明できているか
2 弁護士費用・経費の説明は適切であったか
3 本人のニーズに応じた具体的な手続について、十分に説明できていたか
4 切り捨ててしまうような対応をしていなかったか
その他総合的に考察するうえでのポイント
1 時間配分は適切か
2 相談者とお互いに考えながら進めることができたか
3 弁護士の倫理上の対応は適切か
4 複数相談者(利害対立者)がいる場合の対応は適切か

第2部

法律相談の流れ

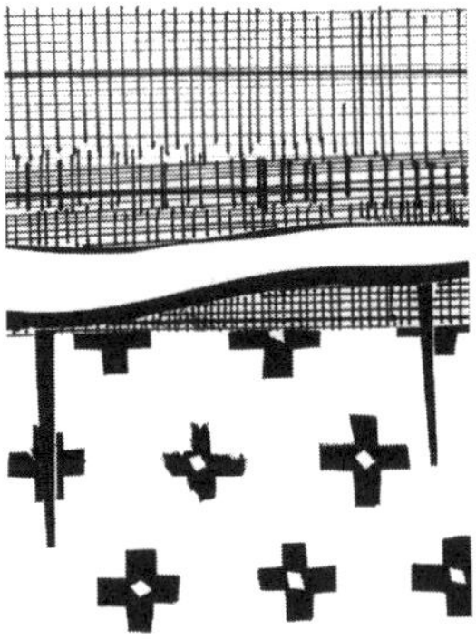

第1章 法律相談の基本的姿勢

「相談者重視」の法律相談

1 相談者重視とカウンセリング型の法律相談

法律相談に訪れる人々は、多くは問題を抱え困りはてて窓口に至る。困り事を抱え、人に頼る心境は、対象が法律問題であろうと、人生相談であろうと、大きく変わるものではなかろう。法律相談は法律にかかわる部分の相談であるとしても、その人の心情を十分に理解した相談を行う必要性がある。しかし、従来法律相談は、ともすれば法的視点のみが重要視され、事実に法規を当てはめて権利義務に関する法律判断するためにのみ事実を聴取し、法的観点についてのみの説明がなされるばかりであった。そこで果たすべき弁護士の役割は、事実の把握にもとづいた専門知識の提供と考えられていた。法的情報の提示は、確かに法律相談の中核をなすものであるが、それが法律相談の全てというわけではない。「弁護士は、法律のことはよくわかるが、人の心はわからない」といわれないためには悩み事を抱える相談者への心情にも配慮が必要といえよう。

法律相談も困り事相談である以上、相談者の状況を十分に聴き取り、相談者のニーズに対応した解決策を提示することが必要といえる。そのためには、法的な情報に加え、非法律事項も聴き取り、相談の全体像を把握した上での助言が必要となろう。法的結論のみの伝達では、相談者の求めるものを十分に与えていない可能性がある。

従来の法律相談と比較した場合、上述のような相談者の心情を理解した法律相談を行うにあたっては、二つの重要な転換点が存在する。その一つは、法律あるいは専門家中心の相談から、当事者を中心に考える相談者重視の相談への転換という点である。従前の法律相談の理解では、ともすると弁護士の有する専門知識の提供の点が強調され、相談者や依頼者に対して弁護士が権威者として位置づけられ、相談者の自由な発言が妨げられたり、弁護士が相談者の持ち込む問題を「ある定型化された法律問題」(樫村 1994)に加工するといった弊害が生じる危険性を内包していたとされる。したがって、相談者の心情を理解し、相談者に納得のゆく相談をなすためには、法律相談において、専門家の視点から「これは法的には、こういう問題なのだ」という類型分けをして、その中に問題を押し込むということはせず、まずは相談者本人が自身の中での問題点は何かという問題の定義づけをする必要がある。また同時に、解決方法に関しても弁護士が「これが解決方法です」という形で弁護士の方の価値観を提示するということだけではなく、相談者に自分で解決方法を発見してもらうといった視点も重要になる。法律相談の枠組み自体を相談者を中心に据えたものに変える必要性があるといえよう(第1部第1章、第2章参照)。

さらに、もう一つの転換点は、コンサルテイション型の法律相談からカウンセリング型の法律相談への転換という点である。専門知識を重視する従前の法律相談は、自立的な相談者を前提とした、知識の切り売り的なものであり、たとえていうならばコンサルテイション型であったといえる。それに対し、今日、法律相談に求められるものは、単なる知識の提供にはとどまらない。相談者の生活に密着した問題を扱う上では、前述の相談者の視点による問題の定義や整理のしなおしが求められ、その作業は相談者との協働作業を意味する場合も少なくない。そして、その過程では、相談者の求めるものを探り、ときには相談者自身が自覚していない問題の核心に導いたり、あるいは、問題の解決にあたって相談者が自律的な決断をなすために援助する場面が少なからず存在する。その意味では、今日求められる法律相談とは相談者との対話を通じた自立的紛争解決の援助であり、いわばカウンセリング型の法律相談ともいえよう。そこでは、法的専門知識に加えて、聴くことや伝えることを通じて相談者の自立的解決を支援することも重要な意義をもつことになる。

非法律事項の重要性

『リーガル・カウンセリング』という書物の著者のバインダー（Binder et al. 1991）は、弁護士と依頼人とのコミュニケーションにおける非法律問題、すなわち法律問題以外の問題への配慮の重要性を指摘する。その理由は、① 相談者の問題解決の専門性、その人が中心であるということを、強く自覚させることができるという点、② そうした相談者の感情を重視することによって、相談者の相談への積極的参加をもたらす点、すなわち、他人事のような相談ではなく、自分のこととして積極的に参加し自主性を発揮してもらうことができる点、③ 非法律的な問題も聞くことによって、相談者の側からの問題の認識を確認することが可能になり、弁護士の気づかない潜在的な問題点の発見にもつながる点、さらに ④ 相談者の問題解決の意識の高まりが生じて、相談者の価値観にもとづく助言や、あるいは相談者の感情の理解が可能になる、といった点を挙げている。

❷ 相談の構造性

相談者重視の法律相談を行うにあたって弁護士が自覚しなくてはならないのは、法律相談がある構造性をもっているという点である。相談者を中心に考えることは、もちろん相談者にすべてを任せることと同じではない。弁護士としては依然として相談が効率的に進行するように配慮する必要がある。そのため、相談を行うにあたっては、場当たり的に質問をするのではなく、目的にしたがった聴き方をすることが望ましい。

法律相談の目的は、相談者の抱える問題を聴き取り、それへの対応を示すことである。この作業を相談者の視点を重視した形で行うためには、はじめに相談者と弁護士が必要な情報を十分に共有し(問題の共有)、その情報にもとづき(情報の収集)弁護士が専門的判断を形成し(法的判断形成)、最後にその判断を再度弁護士と相談者が共有し、解決方法を選択するといった段階(合意の形成と共有)を踏むことが望ましい(第 1 部第 2 章参照)。このように、法律相談を構造的に理解し、段階づけを行うことによって、即断にもとづく押しつけや、照準の定まらない漂流型の相談をさけ、各段階での目的意識を明確にし、より効率的な相談が可能になる。法律相談の基本的な流れを示すならばおおむね以下のようになろう。

① 導入期(問題の共有期)

まずは、相談者の話を聴き、事案の概要と当事者のニーズを把握する段階である。この段階では前述の臨床面接が中心となる。ここでは弁護士はあまり介入的にならず、相談者の語りを十分に聴くことがポイントである。後述の基本的な技術を用い、相談者がより気軽に話せるように配慮し、信頼感を醸成するように努めることになる。質問のしかたとしては、オープン・クエスチョン(第2部第2章、第3章)を中心に、なるべく相談者を中心に会話を進めるべきである。

② 展開期(情報の収集と法的判断形成期)

導入期で収集された事案に関する情報や、当事者のニーズをもとに、弁護士が法的判断を下すために必要な情報を掘り下げ、それにもとづき法的判断を形成する段階である。この段階では、特定された事柄についての情報収集が中心になるので、質問形式としては、いわゆる調査面接の手法が中心となる。ここでは、クローズド・クエスチョン(第2部第2章、第3章)を用いる機会が増える。弁護士としては、相談者の話だけでは法的判断のために不足していると思われる点や、不明確な点を個別に質問することになろう。同時に、それら情報にもとづき法的な判断を行うことになる。

③ 終結期(合意の形成と共有期)

先行する導入期、展開期で収集した情報をもとに、法的判断、対処方法など、相談の結論部分を伝達し共有する段階である。この段階も、弁護士からの情報提供が中心となる。ただし、弁護士は、相談者に情報を伝達するに際しては、自らの提供する情報が、相談者の求めたものに合致しているかを十分に確認しながら情報提供を行うよう注意すべきであるし、相談者の意志を尊重した解決策の提示に努めることになる。弁護士と相談者が解決方法に関する情報を十分に共有し、最終的に解決方法の選択に至る。

以上の進行過程は大まかなものであり、かつ、状況により調整を必要とするものである。しかし、最低限の注意事項としては、展開期と導入期を逆転させてしまい、弁護士側から細かな質問をした後に、相談者から改めて事件の全体像を聴きなおさなくてはならないといったことや、事件の全体像を十分に聴いていないがゆえに、重要なポイントを聞き落としてしまったといったことがないようにすべきである。とくに、一見時間を使いすぎるように思われるかもしれないが、初期において相談者の話を十分に聴くことが、それによって相談者との間に信頼感を醸成させ、事案の全体像の把握に役立つだけではなく、聞き落としや即断の結果生じる、後での聴きなおしといった不合理をさけることができ、結局は効率的な相談の遂行にも役立つことも忘れてはならない。

相談のループ現象

法律相談は、本文のように、はじめに相談者に自由に話してもらい、問題の共有を図り、その後に法的判断形成、解決案の共有に至るのが理想といえる。しかし、実際の相談では、初期に十分な聴き取りがなされない結果、相談の終盤に至ってから相談者の真の問題意識が明らかになったり、新たな事実が出てきて、はじめから事案の聴きなおしを迫られる場合がある。このような現象を、筆者らは「ループ現象」と呼んでいる。このようなループ現象が生じないようにするためには、相談初期の段階で、性急に問題の絞り込みを行わず、幅広く事実を確認し、事案の全体像を把握するように努める必要があるが、同時に、相談の中盤以降に新たな問題などが発見された場合には、無理に話を先に進めずに、再度前の段階に立ち戻り、前提事実をていねいに聴くことを怠ってはならない。

なお、このループ現象は、必ずしも法的に重要な事実などに関してのみ生じるものではない。相談者はみずからが重要と考える点を十分に聴いてもらえなかった場合、終盤に至ってその問題を再度蒸し返し、話が堂々めぐりになる場合もしばしば存在する。したがって、初期の聴き取りは、相談者の視点に立ち、相談者が語りたいことは、非法律事項に関することであれ、十分に聴き取ることが重要である。

参考文献

Binder, D. A., Bergman, P., & Price, S. C. 1991 *Lawyers as counselors: A client-centered approach*. West Publishing
樫村志郎　1994　法律相談制度の可能性　自由と正義 45(2), 6

（菅原郁夫）

第2章 情報の共有のための基本技術

聴くための基本技術

1 信頼形成の重要さ

依頼者から十分に話を聴いたつもりになって方針を立て訴訟をしたはずが、訴訟をしているうちに相手方が思いもよらぬ主張と証拠を出してきて、自分の方がたじたじになってしまった、といったことを経験した弁護士も決して少なくはないのではなかろうか。そのようなことが起こってしまう原因の一つには、法律相談から始まった一連の面接過程において、依頼者が弁護士を信頼していない、気を許していないことから、重要な情報が出ないままに訴訟に及んでしまったといったことが考えられる。

相談者はわざわざ相談にきた以上は、つねに胸襟をひらき、すべてを弁護士に語ってくれるものであろうか。決してそうではあるまい。むしろ相談者は、問題に直面し、当惑し、自己防衛的になったり、隠したい事実をもっている場合の方が多いともいえる。そのような状況では、この人ならば安心して話ができる、この人ならば信頼して話ができると相談者が思うかどうかによって、相談内容は大きく異なってくることになる。

もちろん、人間と人間の信頼関係は即座に形成されるものではない。しかし、相談者は不安にさいなまれながらも、もし頼れるならばすべてを話して力になってもらいたいと思っているのも事実であろう。法律相談は、弁護士と相談者との接触の第一歩であり、弁護士に対する信頼形成のための第一歩でもある。上記のような失敗を犯さないためにも、弁護士は相談場面のコミュニケーションの特質を十分に理解し、みずからが相談者の話を十分に聴き、信頼に足る存在であることを相談者に伝える必要がある。

❷ 相談時のコミュニケーションの特質

相談者が安心して話せるように配慮するためには、基本的な視点として、何が相談時のコミュニケーションを阻害し、何が逆に促進するかを十分に理解する必要がある。そして、そのような理解のもと、弁護士としては阻害要因を排除し、促進要因を用いることによって、十分なコミュニケーションを図る必要がある。

1 コミュニケーションの阻害要因

はじめに、阻害要因の方について考えてみる。相談者が、何らかの原因で話しづらい問題を抱えているとき、単に相談者がそのことに触れないだけではなく、話したくない事実が相談の核心部分である場合には、相談者が核心部分以外のことばかり語り、相談が前に進まない、あるいは話したくないがゆえに虚偽の事実を語る、といった事態も生じる。そのような場合には、相談者が語りたがらない理由を理解し、適切に対処する必要がある。法律相談に現れる典型的なコミュニケーションの阻害要因を示すならば、以下のようになろう。

① 相談者の自尊心

たとえば、自尊心の高いエリート・サラリーマンが、簡単な詐欺に引っかかってしまった場合、それを正直に言ったら恥ずかしいと思ってしまうといったことが考えられる。そういった場合、騙された事情に関わる情報は、なかなか出てきづらいといったことが生じる。

② 敗訴の危惧

こういったことを言ってしまったならば、事件が裁判などで不利になってしまうのではないかというような危惧がコミュニケーションを阻害する。

③ 役割期待

社会的な関係においては、その関係にあることによって、期待される役割意識が働く。たとえば学校の中でも先生はあくまでも先生らしく、生徒は生徒らしくふるまう。そういった役割をいったん意識すると、先生は自分がマンガの立ち読みをしていたといったことはなかなか言えないといったことも起こるし、生徒はそういったことを目撃しても指摘することができないといった枠組みができてしまうことがある。上司と部下、夫と妻などの関係においても類似の現象が生じうる。

④ エチケット・バリアー

社会生活習慣上の事柄で、ある人に関しては言えるけれども、ある人に関しては言えないといった事柄が存在する。たとえば、女性がセクシャル・ハラスメント被害を受けた場合に、女性弁護士に対しては性的なことでも何とか話ができるが、男性に関してはどうしても話ができないという場合がそれにあたる。

⑤ トラウマ（心的外傷）

心理的に強く傷ついてしまい、以後そのことについて話をしたくない、さらには話ができなくなってしまうといったようなことが起こりうる。

⑥ 誤 解

相談者のほうで、自分の問題設定からすれば、これは重要ではないだろう、と思うことによって、客観的には重要な事項をあえて表面に出さないといった場合がある。この場合にも情報提供が阻害される。

⑦ 優先要求の存在

当面の問題以上により大きな問題を抱えている場合や、だれかの利益を保護しなくてはならない、たとえば自分の利益よりも、会社の利益を保護しなくてはならない、というような状況でも、コミュニケーションは阻害される。そのような場合には、相談者自身に関する情報はなかなか語られないこともありうる。

2 コミュニケーションの促進要因

さらに、阻害要因と同時に、どのような要因がコミュニケーションを促進するかに関しても十分な理解が必要である。一般に指摘されるのは以下の点である。

① 共感的理解

相談者の言うことを批判したり評価したりせずにそのまま受容する態度を示す。この態度は相談者を支援する・肯定するというのは異なり、あるがままにそれを受け入れるというものである。そうすることによって、相手方は安心してコミュニケーションを進めていくことができる。

② 期待の表示

人は無意識のうちにもだれかが一定の期待を示すと、それに対して応えてあげたいという社会的欲求をもっている。たとえば「ほかの人が、こういうことを知りたがっていますよ」ということを伝えることによって、人によってはそれに応えてやろうという反応を示す場合がある。また「みんなが期待しています。私も期待しています」、「話が聞けるとありがたい」といったことを言うことによって、相談者の発話を促進させることができる。

③ 尊重姿勢の提示

人は対人関係の中で尊重されることを非常に尊ぶ。そのため、「あなたの言うことを尊重しているのだ」ということを示すことによっても、コミュニケーションを促進することができる。

④ 利他情報の提示

他者に利益を与えることができることを強調することによっても、コミュニケーションは促進される。たとえば、消費者問題などで類似した事件が多く発生している場合に、「どういう手口だったか話していただけると、ほかで同じような被害に遭っている人が本当に助かります」といったことをいうことによって情報を引き出すことができる。

⑤ 利己情報の提示

「これを言えば、あなたの利益になりますよ」と利益誘導することによっても、コミュニケーションが促進される。

以上が、法律相談の場面に現れると思われる典型的なコミュニケーションの阻害要因と促進要因である。これらの点を理解することから、相談者が話したがらないときや、話が回りくどく、核心に至らないときの対応を考える必要がある。

たとえば、相談者が特定の事項を話さないで話が回りくどくなっているといった場面に遭遇したときに、対応としては、重要であるけれども話さない事柄を無視して話を先に進めるという対応、話したくない事柄についてはその場では触れないで、時期をずらして信頼関係ができてからその話に踏み込むという対応(トピック・アボイダンス)、あるいは率直に「どうしてその点を話さないのか」という理由を聞いて、誤解を解くというような対応が考えられる。こういった対応をとるにあたって、前述の「なぜ話さないのか」という部分、すなわち、阻害要因が何であるのかといったことを考慮して、その対応を決めていくことになる。

具体的には、話さないことの原因が前述の誤解、すなわち「自分は重要ではないと思っている」という場合には、「どうして、そんなに話してくれないのですか」と弁護士から理由を問い、その答えに対して、「いや、それはそうではなくて、こういうふうなことで重要なので、ぜひお願いします」と言うことになる。それに対して、話さない原因が、トラウマや他者の利害が絡むもの、あるいはエチケット・バリアーの場合には、まずは信頼関係を形成してから話を切り出すということになる。そういった場合には、ストレートに「どうして話してくれないのですか」というような訊き方はさけなければならず、ゆっくり話を進めていく中で、「信頼してもらった」と思えるころから質問していくことになる。

こういった対応のポイントは、話さない、回りくどい、真実を言わない、といった現象の背後に何があるのかを考え、状況に合わせ、促進要因を用い、必要な情報を聴き出すことに努める点にある。

❸ 聴き方の技法

前節のコミュニケーション特性の理解に加え、相談者との信頼関係を構築するためには、さらに弁護士が相談者の相談を聴くにあたっての一定の技法を身につける必要がある。具体的には以下に示すような技法があるが、そのポイントは、弁護士がきちんと話を聴いているのだということを相談者に伝えるような聴き方をする点にある。そのためには、下記の点に加え、相談者の話すスピードにペースを合わせる、適度に視線を合わせる、温かい雰囲気を出すために適当に身ぶりを入れて話す、といった配慮も併せて必要である。下記の点は、あくまでも相談者への配慮であり、相談者重視という姿勢を忘れたり、相談者をせかすような形にならないように十分に注意する必要がある。

① 雰囲気づくり

「うんうん」「なるほど」「そうですか」など、相談者の言ったことに相づちを打ちながら、話を聴くといったことが効果的である。必ずしも声を出す必要はなく、軽くうなずくような形でもよい。ただし、あまり頻繁に行ったり、間合いをつめすぎると、相談者はせかされているという印象を受けてしまうので、注意する必要がある。相談者の言うことを真剣に聴いているということを示すことに重点があるので、相談者の発話を促すように行うのがよい。

② 反 射

相談者がある程度話したところで、その要点をとらえて、「～ということですね」とか「～というわけですね」といった形で、相談者の言ったことを繰り返し、確認してみせる。これによって、相談者は弁護士が自分の話をよく聴いていてくれることを確認することができる。

③ 明確化

相談者の話す内容がはっきりしない場合、弁護士の方で、その内容を代わって言語化することで、相談者の自己理解を助け、発話を促進することができる。たとえば、相談者が「裁判なんか起こすとお金の亡者のように思われるのではないかと心配です」と言ったとすると、否定や肯定に走らず弁護士がそれを受けて、「裁判でお金の請求はするけれど、言いたいことはお金の点だけではない、ということですね」という形で言葉を継ぎ足すといったものである。

ただし、あくまでも相手の気もちを思いやり、相談者の発話を助けることが大切で、勝手な思いこみによる「明確化」では、かえって相談者の主体的な発話の機会を奪ってしまうことになる。注意深く相手の様子をうかがいつつ行うように注意すべきである。

④ 支 持

相談者の発言に対し、必要に応じて弁護士が励ましやいたわりを述べる。たとえば、「あなたのおっしゃることはもっともだと思いますよ」、あるいは「そうでしたか、それは本当に大変でしたね」といった言葉をさし挟みながら、相談者の話を聴くといったことである。相談者をリラックスさせ、話すことに自信をもたせる効果がある。ただし、安易な支持の言葉は、無責任な印象を与えかねないので、真剣に話を聴いた上で、必要に応じて行う必要がある。また、法律相談の場合には、安易に肯定的なことばかり述べていると、不法な要求さえも肯定したかのような間違った印象を与えることにもなりかねないので、注意をする必要がある。多くは法的結論部分というよりも、相談者の相談動機など、心情的な部分を聴く際に用いることになろう。

⑤ 質問（リード）

相談者の話す事柄で、わかりにくいところ、漠然としているところ、気になったところ等を問い直すといったことを指す。不明確でわかりにくい部分は、相談者自身にとっても曖昧である場合が多く、問い直されることで、自分の考えや希望が明確になったり、より深く考えたりすることになり、自己理解に資する。ただし、この場合もせっかちに質問したり、誘導的な質問にならないように十分に注意することが必要である。また、相談者の中には、何らかの原因で言いづらい、触れてほしくない部分があることも少なくない

(本章2節参照)。そのような点に関しては、慎重なアプローチが必要である。

❹ 質問形式とその特性

最後に、質問形式のもつ特質について触れる。弁護士は下記の質問形式のもつ特徴を十分に理解し、相談の各段階に合わせた質問形式を用いるべきである。

① オープン・クエスチョンとクローズド・クエスチョン

オープン・クエスチョンとは、とくに回答のしかたを特定せず、話し手が自由に話せるような形での質問を指す。たとえば、「そのときの状況を見たままの形でお話しください」「そのとき、あなたが感じたことを話してください」といったものである。

これに対し、クローズド・クエスチョンとは、回答者の答えとして一定の内容を選択させる形のものを指す。「はい」「いいえ」で答えることを要求する質問がその典型である。「そこにはAさんがいましたか」「そのとき、あなたは不快に感じましたか」といった質問が典型である。

前者の質問形式は、一般的にいえば、相談者に自由に語らせるだけに、回答内容の正確性が高いとされるが、反面、相談者が必ずしも必要なことのみを語ってくれるとは限らず、情報量の点において十分ではない場合も生じる。それに対して、後者は、質問者が内容を特定して訊く傾向にあることから、必要な情報を訊き出すには適しており、情報量の点においては問題は少ない。しかし反面、質問事項を絞り込むことから、誘導の可能性が高まり、情報の正確性の点においては、問題が生じる場合もある。

また、前者は、自由な発話を許すことから、相談者をリラックスさせ、相談者が積極的に話してくれる場合には情報量が豊富になる可能性もある。しかし反面、弁護士による会話のコントロールが難しく、相談者が話しすぎる場合、あるいは逆に積極的に話そうとしない場合には対処が難しくなる。これに対して、後者の場合は、会話の主導権を弁護士側がもつことになり、必要な情報を効率よく導き出すことを可能にする。その反面、相談者側は、自らのペースで話すことが難しくなり、矢継ぎ早の質問が投げかけられる場合には詰問されているような印象を受け、萎縮することも考えられる。

② 誘導尋問

質問の中に、回答者の期待する答えが暗示された形の質問である。質問が誘導的であるか否かは相対的な面もある。たとえば、「あなたは、そのときどのようにお感じになりましたか」と質問した場合には何ら誘導にあたるものはないが、「あなたは、その時不安に感じませんでしたか」「あなたはそのとき不安に感じたと思うのですが、どうですか」といった質問になると誘導の要素が出てくる。最後の質問が最も誘導要素が強いといえよう。また、こういった形態のほかに、相談者の不快感の有無が問題となっているときに、「あなたはそのとき、不快に思い、何をしましたか」といった形での質問は、不快に思ったことを当然の前提として他を聞くものであり、やはり誘導といえる。

誘導尋問は相談者の自由な回答を遮《さえぎ》るものであり、法律相談においては用いることのないようにすべきである。弁護士自身が無意識のうちにも誘導要素が質問に入り込む場合があるだけに、とくに注意すべきである。ただ、たとえば、相談者が言い出しにくい点について、誘導することによって話しやすくなるといった場合も考えられるので、状況に合わせた判断をする必要があろう。

（菅原郁夫）

第3章 相談の始まり

具体的な事例をもとに

❶ はじめに

前章までは法律相談に臨むための一般的姿勢や技術について述べてきた。本章と次章では、それらを前提に実際の法律相談をどのように行うべきかについて、具体的な事例を追いながら解説してみる。

第３章では相談のはじまりから、どのように話を聴くか、第４章ではどのように判断し、どのようにそれを相談者に伝えるかを解説する。

❷ 相談に臨むにあたっての心構え

弁護士が相談に臨むにあたってもっとも重要な点は、相談者を個人として尊重するという点である。相談者は、法律問題の単なる語り手ではなく、問題を抱え苦悩した一人の人間として弁護士の前に立っているのである。

それでは、どのような態度で臨めば、相談者を尊重する姿勢を示すことができるのであろうか。たとえば、ケースワーカーがクライエントと接触するにあたっては、クライエントを尊重するために、次の７点に留意すべきであるとされる。

① クライエントを個人として捉える

② クライエントの感情表現を大切にする

③ ケースワーカーは自分の感情を自覚して吟味する

④ クライエントを受けとめる

⑤ **クライエントを一方的に非難しない**

⑥ **クライエントの自己決定を促して尊重する**

⑦ **秘密を保持して信頼感を醸成する**

これらは、バイスティックの７原則と呼ばれ、相談にあたってのカウンセラーの基本的な態度とされるが、同じことは法律相談にもあてはまる。

相談者を個人として捉える（①）といった点は、一人ひとりの相談者がそれぞれに異なる独特な個性をもっていると認め、それを理解することである。相談事を法律一般論として受け取らず、相談者一人ひとりの個性ある問題として受け止めることが必要である。また、担当弁護士は、相談者の感情を尊重すると同時に、自分自身の感情も自覚し、過度に同情したり、攻撃的になっていないかを吟味する必要がある（②、③、④）。結局、弁護士は、相談者の相談をまずはそのままのものとして受け入れ、聴く姿勢を示すことが重要といえる（⑤）。そして、相談者がなす判断を尊重し、アドバイスを行うということになる（⑥）。弁護士として相談内容に守秘義務を負うことは当然のことであるが、そういった点も必要に応じて相談者に伝達しておくべきであろう（⑦）。

また、こういった相談者への配慮の具体的な表し方としては、約束のある場合には相談時間に遅れない、礼儀正しく接する、他に声が漏れない等面接環境に配慮することも重要である。

❸ 相談の開始

1 あいさつとアイス・ブレイキング

実際の相談にあたっては、相談者を尊重する姿勢を示す意味でも、きちんとしたあいさつ、弁護士の自己紹介、相手の名前等の確認といったことは最低限必要とされよう。あいさつ、自己紹介もなく、早々に聴き取りに入られては、相談者としても自分を十分に尊重してもらったとは思えず、うち解けた相談が難しいと感じるに違いない。また、服装も過度に形式張ったものはかえって相談者の緊張感を高めてしまうが、あまりにカジュアルな服装は、相談者への敬意を欠くものとの印象を与える可能性がある点を注意すべきである。姿勢は、やや前向きになることで、相談者の発言を十分に聴き取ろうという姿勢を示すことができる。

① あいさつ

まずは、相談者にきちんとあいさつをし、自分の名前をつげた上で、相手方の名前を確認する。立っている場合には席を勧めるといったことが必要である。

あいさつ

【弁】 こんにちは、弁護士の高橋と言います。よろしくお願いいたします。

【相】 山田と申します、いろいろお世話になります。

【弁】 ええ、お名前は太郎さんでよろしいでしょうか。

【相】 はいそうです、はい。

【弁】 今日は損害賠償の件でと伺っていますが、具体的にどのようなお話でしょうか。

② アイス・ブレイキング

また、相談者によっては非常に緊張し、すぐに問題の話をするのが難しい場合もありうる。その場合には、すぐに聴き取りを始めず、差し障りのない話をして、相談者の緊張をほぐすといった配慮が必要な場合もある。一般に、そのような配慮を「アイス・ブレイキング」と呼んでいる。

アイス・ブレイキング

【弁】 どうぞ，お入りください。担当の弁護士の高橋です。よろしくお願いします(ああ)、えっと、お名前は山田太郎さん(はい)でよろしいの

でしょうか？（はい）

この相談センターの場所はすぐおわかりになりましたか。

【相】初めてなので，少し迷いました。

【弁】そうなんですよね。初めての方にはちょっとわかりにくいところなんですよね。山田さんはどちらからいらっしゃいました？

【相】○○市の××です。

【弁】そうですか。それじゃ少し時間がかかりましたね。でもあのあたりはまだ緑が多くて住みやすいところですよね。私も友人があちらの方に住んでいて、たまに遊びに行くことがあるんですよ。いいところですよね。

【相】はい、ありがとうございます。

【弁】さて、それでは、相談の件をお伺いしましょうか。

このアイス・ブレイキングは、相談者の緊張を和らげる効果をもつが、同時に弁護士にとっても相談に入るための姿勢を整える効果をもつ。忙しい仕事や緊張する仕事を終えて相談に移ったような場合、弁護士の方も意識せず忙しい雰囲気が残ってしまい、相談者に緊張を与える場合がある。そういったおそれのある場合には、このアイス・ブレイキングを意識的に用いるべきであろう。ただし、相談者の中には、多くの相談経験をもち、緊張することもなく、すぐに相談に入ることを希望するものもいる。そういった場合には、無駄話をしているとの印象を与えてしまうので、早々に相談に入る必要がある。

2 相談内容の聴き取り

① 聴き取りの開始

あいさつが終わり、相談者が落ちついて相談に入ることができる状態にあることを確認した後に、具体的な相談内容に入っていくことになる。この場合、はじめから弁護士が細かい質問をしていっては、相談者は本当の心境を語ることができず、不満や不信感を形成することになりかねない。はじめは相談者になるべく自由に話をさせ、その過程で相談者の求めるものを聴き取り、その後に、弁護士の方から法的に重要なポイント等に踏み込んだ質問をしていくのが基本である。

② 時間の流れに沿った説明

ただし、相談者に自由に語らせるといっても、無秩序に話させたのでは話のポイントが絞れず、時間の浪費につながる可能性がある。また、相談者によっては何をどのように話したらいいのか迷うケースもあろう。そこで、はじめにどのような相談であるかを大まかに尋ね、相談対象をある程度特定してから、基本的には、問題となった事柄の経緯を時間の流れにしたがって話すように促すことが望ましい。それによって、弁護士は、「そのあとどうなりましたか」といった最低限の介入で相談者の話を促すことができるし、相談者としても記憶の道筋にしたがい、比較的容易に話を進めることが可能になる。この場合求められる、時間の流れにしたがった説明は、あまり細かな事実に入り込む必要はなく、大きな流れをあるがままに語ってもらうのが理想である。

この時間の流れにしたがった説明の際には、弁護士はなるべく誘導をさける意味で、「それから何がありましたか」「そのあとはどうなりましたか」といったオープン・クエスチョンを用いるべきである。そして、相談者が一定の事項にこだわり、話が先に進まなくなったときには、「その点に関しては後ほど詳しく伺いますが、もう少し話を先に進めるとどのようなことがあったのでしょうか」といった形で大まかな説明を促すようにすべきである。時間の流れにしたがった聴き取りのメリットは、事実を時間にしたがい整理することから聞き落としの可能性が少なくなり重要情報の網羅につながること、ものごとの前後関係より因果関係の推測になること、相談者の記憶の喚起を促進する点などが挙げられている。

なお、こういった方法は、法律相談のいわば基本型といえるものであるが、たとえば、個人破産の場合のように、説明すべき事柄が多い割には時間的な余裕がなく、緊急度が高いような場合には、初期の段階から、弁護士が定型的な質問をしなくてはならない場合もありうる。状況に合わせた判断が必要である。

以下、具体的な事例をもとに考えてみる。

問題の把握

【弁】今日は損害賠償の件でと伺っていますが、具体的にどのようなお話でしょうか。
【相】はい、マンションを購入しまして。
【弁】はい、ええと山田さんがマンションを。
【相】いいえ、えっとうちの息子夫婦が。
【弁】山田さんの息子さんが……。
【相】はい。
【弁】息子さんご夫婦の方が、マンションをお買いになったんですね。
【相】はい。
【弁】いつのことでしょうか。
【相】えーっと3月、契約はもっと前なんですけども。
【弁】はい。
【相】3月30日に入居しまして。
【弁】今年の3月30日に入居ですか。
【相】はい。で、入居した次の日、31日に漏水事故がありまして。
【弁】ええ31日に漏水の事故があった。
【相】はい。で、工事にだいぶ時間はかかったんですけれども。
【弁】はい。
【相】現在まあだいたい終わりまして。
【弁】はい。
【相】あとは損害をどういうふうに認めていただけるかが問題なんですが。
【弁】はい。
【相】それでこちらでちょっと資料出しまして請求したんです。ところが、相手が保険を使うということで。
【弁】はい。
【相】うちの方で作った明細ではだめって言うんです。それで本当にそういうものかと思いまして。

【弁】そうですか。息子さんご夫婦が購入なさったマンションで漏水事故があって、その賠償についてトラブルになっているということでしょうか。

【相】はい、そうです。

この事例では、はじめにマンション購入の事実、漏水事故の事実、さらに損害賠償請求とその拒絶といった事実が語られて、最終的に漏水事故の損害賠償が問題であることが明らかになっている。弁護士は、マンションの購入、漏水事故の事実が出た場合にも、それらの点に細かく質問をすることなく、話を進め、まずは事案の大枠の把握に努めている。

この時点でも、細かく「はい」「はい」と相づちを入れて話しやすくすると同時に「息子さんご夫婦の方が、マンションをお買いになったんですね」、「ええ 31 日に漏水の事故があった」といった確認や反射をすることによって、相談者が話しやすいように配慮がなされている。

3 オープン・クエスチョンと事案の概要把握

弁護士は問題が特定して以降、さらに詳しい情報を時間の流れにしたがって説明するよう相談者に求めることになる。その場合、以下の事例では、弁護士からの質問は、「それで」「それからどうなりましたか」といった質問が中心で、あとは相談者の答えを確認することに終始している。前述のように、このような方法をとることによって、事案の概要の把握が容易になると同時に、相談者は自分の問題をみずから整理し、語ることにより、問題に対する主体性をもつことが可能になる。

多くの場合、ここで弁護士の方から細かな質問をしがちであるが、この段階での弁護士の質問は、損害賠償請求の要件事実のみに沿った質問になりがちであり、それ以外の相談者の要求を見落とす可能性や、さらに、背後にある情報を聞き落とす可能性があることから、まずは相談者からの自由な説明を求めるべきである。

この段階でも説明を聴くにあたっては、相づちを打つと同時に、話の内容に合わせ「それは大変でしたね」といった共感を示すことも大事である。

問題の聴き方

【弁】それでは、その事故の状況も含め、だいたいどんなことが起こったか、順を追って説明していただけますか。

【相】あの、購入したのは 3LDK だったんですが、キッチンの、カウンターの下から水が出まして(はい)、廊下を隔てて(はい)、和室の方まで水が、入ったんです。

【弁】それは大変でしたね。

【相】はい、で、漏水事故が起こったので、すぐに業者の方に連絡して、一応その打ち合わせをしまして、どういった点を直すってことで(はい)、それを決めました。

【弁】はい。その打ち合わせは、いつごろでしたか。

【相】31 日です。

【弁】それからどうなりましたか。

【相】それから、ええ、どういうふうに仕事をやるかってことで(はい)、一応だいたい話をしまして。まあ工事業者さんの手配とか段取りがあったんで(はい、はい)、すぐには工事できないということで、たしか(翌月の) 12、3 日ごろから工事に入りました。

【弁】それで。

【相】それで、1 ヶ月位で工事が終わって、工事明細は、業者さんの方で全部対応していただいたので。こちらの工事以外でかかったお金を(はい)、こういった金額がかかったので(はい)、支払ってほしいということで、この書類を提出しまして。

【弁】はい、それでどのようになりましたか。

【相】で、返ってきた返事がこれなんですけども、こちらの言ったものをほとんど認めてもらえないものですから、この項目とこの金額、数字が妥当かどうか、ちょっとこのへんは自分にもわかんないので、少しお話をお伺いできればと思いまして。

【弁】そうしますと、息子さんご夫婦が購入なさったマンションで、入居早々漏水事故があって、マンション自体は直してもらって、そのときにかかった工事費も向こうが出したんだけれども、工事費以外にかかった費用を請求したところ、相手方がほとんど払ってくれない、といったことでしょうか。

【相】はい、そうなんです。

【弁】これがそのとき出した請求に対する相手方の返事ということですね。

【相】はいそうです。

【弁】そうですか。状況はだいたいわかりましたが、もう少し詳しくお聞きしたいので、こちらからちょっとお聞きします。

4 細部情報の聴き取りとクローズド・クエスチョン

以降、問題の概要を把握し、当事者の求めるものを確認した上で、法的な判断をなす上で必要な個々の事実の確認に入ることになる。以降の質問は、ポイントを絞っての質問となることから、クローズド・クエスチョンが中心となる。

クローズド・クエスチョン

【弁】はい。まずマンション自体は、これは新築ですか。

【相】新築です。

【弁】相手方の担当者の方がいらっしゃったんですか(ええいます、はい、はい)。一応担当者のお名前とかは。

【相】ええとね、ええ一応朝日建設の下請けさんなんですけども、加藤建設さんという会社なんですけど。

【弁】ええ、下請けの加藤建設さんという方がおみえになって。

【相】ええそうですね、この会社の加藤さんという方が(加藤さん、はい)一応責任者みたいな形で対応していただいているんですけども。

【弁】はい。で、その方、加藤さんとお話しになって、31日に直すということになったということですか。

【相】はい。

【弁】えーと、朝日建設さんの方の直接対応された方ってのは、いらっしゃらないんですか。

【相】あ、ええとその方もいますけど(はい)、もう下請けさんの方の加藤さんの方に全部お話しして、その下請けさんで対応してくれっていうお話だったので。

【弁】えっと、朝日建設さんの方の対応としては下請けの工事会社の方で(はい、はい)対応するということだったんですね。

【相】そうするようなことでお話しいただきまして(はい)、まあそういった流れでやってたんですけども(はい)、それで、いろいろ、こういうふうな損害とかいろいろ項目とか数字を出したんですけども(はい)、保険会社さんの方から、認めることと認めないことが出てきまして(ええ)、まあいろいろチェックしていただいて(はい)、まあ領収書のあるものは(はい)認めてもらったんですが、そうでないものも出てきて、とまあそういう流れだったんですけども。

【弁】わかりました。それから、漏水された範囲ってのはどういった範囲なんでしょうか。えっと、要は水周りの漏水ということなんですよね。

【相】3LDK だったんですけども。

【弁】3LDK (はい)。はい。

【相】これが平面図ですが(はい)、一応それじゅうたんの寸法なんですけど。

【弁】ええと、漏水なさったのはここのキッチンのところですか。

【相】ええと、ここガス、ああここですね(はい、はい)。

【弁】ここですか。で浸水自体はどういった範囲で被害が出たんでしょうか。

【相】ええと、このへんのところと、あとこのへんとこのへんと(この和室とこのダイニング)ダイニングの、こちらの方ですね。あと洗面のところなんですけども。

【弁】はい、なるほど(はい)。それは大変でしたね。で、こちらの洋室の方に関しては(はい)まったく被害はないということですか。

【相】はい、こっちは被害はなかったですね、はい。

【弁】そうですか。それから、被害の方ですが、クリーニング代の件ですが、タオル、シーツ……これは、これは全部だめになったということですかね。

【相】ええ、一応その何ですか、数字が挙がってるやつと数字が挙がってないやつが(はい)まああるんですけども(はい)、一応クリーニング代とか、その購入代とか。

【弁】このへんは新しく買うというか(ええ)、クリーニング代としてかかったということなんですかね。

【相】ええ、ええ、一応その水に浸かってもう一回クリーニングしなおしたとか(あ、はい)、洋服代の方は、だめになって着られないから買ったとか(はい)、そういうことで出したんですけども。

【弁】はい。携帯電話……クリーニング代の方が、このクリーニング代……、これは新しく買ったということになるんですかね。

【相】えっとね。クリーニング代はあの、後で要するにまた洗って使うということで。あとそのじゅうたんとか、やっぱり全部濡れちゃったんで(はい)、やっぱりうまくないということで、再購入したってことで乗せたんですけども。

【弁】そうですね、あの、基本的にたとえばタオルとかシーツとかに関して、全部新品だったわけですか。

【相】ええ、一応、引っ越してその、一部全部新品じゃないやつもあると思うんですけども、はい。

【弁】それから移動費というのは具体的にどういったものになりますか。

【相】タクシー代と、たまたまあの(ええ)、妻の方が、あの何ですか、実家の方に、子どもと、ええ身を寄せることになりまして(はい)。で夫の方は、都内の方に、住んだということで、分けて。

【弁】その移動費用ということですか。

【相】ええ、交通費。たまたまこれはタクシー代か何かで(ええ)、あのちょっと通勤のときに、ええ使ったということで(はい)、そのタクシー代の費用が2点ばかり出てますけども。

【弁】で、あと引越費用というのは(はい)、これがゼロになってますね。
【相】ええ、あの要するに、ええ、ま、引っ越したと同時にまた、あの、荷物を多少また移動したんで。
【弁】どちらに。
【相】あの祖母の実家とか(ああなるほど、はい)、そういうところに、またもち込んだやつをすぐまたもち帰りみたいな(あ、はい)形になったんですけど。
【弁】その費用ですか(はい)。
【相】はい。

以上のように、オープン・クエスチョンを用い、はじめは幅広く基本的には聴く姿勢で時系列にしたがって語ってもらい、要点はクローズド・クエスチョンで訊いていく方法は、下図のようにはじめは幅広く聴き、後にポイントを絞って訊くことから構造がアルファベットの「T」に似ており、「T型アプローチ」と呼ばれる。このようなアプローチをとることによって、相談者の主体性を維持し、かつ法的判断に必要な細かな情報を弁護士と相談者が共有することが可能となる。

弁護士は、マンションは新築か否か、これまでの交渉の経緯、漏水の状

図 T型アプローチ

況、個々の損害賠償請求の趣旨を確認した上で、法的判断の提示の段階へ至ることになる。

（菅原郁夫）

第4章 判断の形成と相談者への伝達

どのように考え、どのように伝えるか

1 事件性の把握

相談者が相談に持ち込んでくる「悩み」には、法的な事件性をもったものから、そうでないものまで、多種多様のものがあるが、ここまでの相談の導入期、展開期を通じて、当該相談がこのうちのどれに該当するかが把握されることになる。前章から例に挙げている事案は、漏水事故による損害賠償請求の可否という法的事件性が認められている。

事件性とは、相手方があり、双方の主張に隔たりがあり、これらの判定に法的判断を要する場合であることを示す。本件では「業者」の責任による漏水事故という違法行為と損害が生じており、その賠償に関して、「業者側」と被害者側とで額の主張に隔たりがあることが明らかであり、その解決・判断は、賠償法理という法的判断が必要かつ有効な事案である。その意味では本件では、比較的早い段階で、この事件性、ならびに大きな相談テーマが特定されている(前章の相談例「問題の把握」を参照)。

2 相談者の相談への期待の内容

このように事件性が明らかな場合でも、相談者の相談に対する期待には、いくつかのバリエーションがありうる。事件の大小、人間関係、手続に対する認識、相談者の力量、要する費用と時間等々によって、同じ事件性のある相談でも、相談者が相談に寄せる期待に差が生じることがある。

本件では、相談者は、すでに当人において損害賠償の話しあいを始めており、これに対して相手方が損害保険の適用を主張し、損害保険会社の担当者から、相談者側の主張に対する回答が寄せられたというところから始まっている。

その結果、相談者自身は、自分たちで行っている交渉の指針として、「項目と金額が妥当かどうか」について、弁護士の意見を聞きたいという目的をもっていることがわかる。弁護士は、このような相談者のニーズを把握した上で、必要な対応をすることになる。

❸ 判断の形成

1 法的主張の検討

相談者が持ち込んだ問題について把握したあとは、この問題に対して、どのような法的な主張が可能か、どのような対応をすることができるか、あるいは妥当かという判断の過程に進むことになる。

ただし、一応の問題把握ができたとしても、具体的な判断のためには、さらに詳細な事情聴取が必要なことがある。この事情聴取は一応の問題把握がすんだ上での事情聴取であり、判断を直接左右する事実に関するものである場合が多い。

判断形成は、相談者からの具体的な問題提起に対し、これを可とする法律的なしくみを想定し、このしくみを利用するための要件の存否を問うというスタイルで行われる。

ここで、相談担当弁護士がどのような法律的なしくみを想定するのかは、相談者の話から把握した問題、相談者の要求内容によって決まってくることになる。

上述の例では、購入した新築マンションの漏水事故被害にあったという問題提起と、損害の賠償請求をしたいという相談者の要求がこれにあたる。

これを受けた弁護士は、債務不履行や不法行為を原因とする損害賠償請求などの法的しくみを想定し、相談者の話によって、これらの要件を満たすことになるのか否かを検討することになる。

そのためには、漏水事故の具体的な状況、原因、責任の所在など、債務不履行や不法行為の成立を確認するための質問を加えることになる。それらが認められる場合、次の段階として、これによって受けた損害の内容範囲、行われるべき賠償の額等の検討に移行することになる。

2 具体的な発問

これら、弁護士が想定した法律的なしくみの適用については、オープン・クエスチョンによって相談者から自主的に語られることもあるが、多くは弁護士が主導的かつ具体的にクローズド・クエスチョンを投げかけることによって、相談者から訊き出すことが必要となる。

本件では、業者(売主)側で、賠償責任を認めた対応をみせているが、全面的に責任を認めているのか、一部についてのみ認めているのか不明である。責任を否定した上で、アフターサービスのような趣旨で修理代の負担を申し出ているのかも、不明である。

交渉を円滑に進めるためにも、業者が自分の責任を全面的に認めているのか、被害者側の過失の有無等について特段の主張がないのか否かの確認が必要である。

これらを明らかにするためにも、漏水事故の原因、とくに新築マンションであったのに、引き渡しとほとんど同時に漏水事故が発生した原因について確認する必要がある。

その結果、業者側の上下水道の配管工事ミスという、業者の全面過失による事案であることが確認できれば(業者側が認めていることが確認できれば)、その次の段階として、どのような損害が発生し、どの範囲で損害賠償が認められるか、認められるとして、賠償額はどのように算定されるべきなのかという、相談者が直接訊きたがっていた事項に話が及ぶことになる。

3 判断形成のための確認

責任の所在確認のためのクローズド・クエスチョンに続いて、相談者が求めている質問事項について、再度確認しながら、判断を具体化することは、必要な判断を誤らないためにも、また弁護士の理解の整理や判断の時間的な余裕を確保するためにも有用である。また、相談者からは、弁護士が相談者の相談内容を的確に把握しているか否かを確認することもでき、弁護士の判断に対する信頼の前提ともなる。

質問事項の確認

【弁】 状況はわかりました。そうしますと、具体的に大きな問題となっているのは、クリーニング代、交通費、引越費用、それと慰謝料といったところでしょうか。

【相】 ええ、そういったところでしょうか。

【弁】 この慰謝料というのは、こういった事故によって精神的に損害を被ったということでしょうか。

【相】 ええ、まあ、こういったことがあったので、そのお詫びといいますか、そういったところです。

ここでは、相談者の話に基づいて、相談者の質問項目を弁護士が具体的に挙げた上で、これでよいかを確認している。これによって、相談者は、弁護士がきちんと質問を把握していることの確認ができる。問題整理の中で、質問事項の一部が落ちていたりすると、相談者がすぐに気づいて確認的に補足することがあることからも、相談者は、弁護士が、自分の話したことをきちんと把握してくれているかのバロメーターとしていることがわかる。このように、質問把握と判断形成の間での正確な質問内容の確認は、有効である。

④ 判断の内容

1 判断過程の終了

質問内容が確認でき、判断に必要な情報収集が完了したら、これに基づく判断を行った上で、これを相談者に伝達する段階に至る。

この場合、判断自体は、判断のためのクローズド・クエスチョンの際にすでに終了している。

クローズド・クエスチョンは、適用されるべき法律的なしくみ(債務不履行責任や不法行為の成立)を想定した上で、これが認められるための要件の存否確認という具体的な判断のためにする発問である。したがって、これらのクローズド・クエスチョンと、これに対する回答が終了した段階では、通常、すでに弁護士の判断は終了しているものである。

①　判断形成に至らない場合

これらのクローズド・クエスチョンが終了しても、判断形成に至らない場合としては、相談者の話す事例に関する判例の判断が確認できない場合や、法令の存否いかんでは結論が変わる可能性があるケースで当該法令を相談の場で確認できない場合など、広い意味での「法」の存否が不明な場合があげられる。

このようなときには、法令や判例などの「法」の存否について、さらに調査を遂げなければ判断ができないことになる。弁護士は、その旨を説明し、調査した上で、改めて後日の相談を入れたり、後日連絡するなどのくふうをすることになる。

また、問題が特殊な分野にかかるもので、相談担当弁護士では回答が困難な場合には、他の隣接専門家などを紹介すべき場合がある(第４部第７章参照)。

②　情報不足による判断不確定

これらと併せて、相談者のもたらす情報が不完全なために、事実関係の把握が困難な場合にも、同様に判断は不確定になる。もちろん、訴訟の場面と異なり、法律相談の場面では立証までは問わないことが通常だが(「相談者の主張のとおりだとしたら」「それが立証できれば」として相談が進められる)、相談者の話の曖昧さゆえに、必要な前提事実が確認できない場合がある。

本件では、相談者が、直接の被害者(息子夫婦)のかわりに来所した親であったため、漏水の結果、具体的にどのような被害が生じたのか、すべての事実関係を相談者が把握していないという特殊性があった。このような場合だけでなく、法的判断のために、どのような事実の存否が確認されるべきなのかを相談者が必ずしも理解していない結果、弁護士のクローズド・クエスチョンに対して的確な情報提供ができない場合も少なくない。

このような場合には、正確には、具体的な情報を確定した上で、判断を行うことが原則である。その結果、回答を留保したり、あるいは具体的な事実関係いかんではどのようになるのかという、幅のある判断を示したりすることになる。あるいは、本件のような交渉事件の場合には、特定の判断を避け、相手方との交渉の方向性、ポイントを示すことによっても、目的を達することが可能な場合がある。

2 判断の伝達

このような「法」の存在に問題がない場合、また、事実関係の情報の十分性について問題がない場合、あるいは問題があってもそれなりの回答ができると判断される場合には、弁護士は、判断結果を相談者に伝達すべきことになる。

クリーニング代関係

【弁】そうですか。それでは順に検討していきましょう。まず、クリーニング代の件ですが、まあ、こういった場合、全くの新品とかでなくある程度使ってますとね(はい)、そういったものに関しては、買い換えたといっても、残念ながら全部新品の額でそのまま出てくるわけではありません。

【相】あ、そうですね。

【弁】やはり中古の時価という形である程度出てきます。ただ、新居に移られてほんとに新品をそのままというのであれば(はい)、きちんとその旨お話をして、領収書なりを見せて(はい)新品の値段でということは可能だと思います。

【相】なるほどね。

【弁】ただ、必ずしも買い換えなくても使っていけるというものであれば、新品の値段でそのまま額が全部(ああそうですね、はい)もちろん返ってくるわけではなくて、その分、中古というか(ええ)、まあその分の減額は多少ありうると思います(なるほどね)。それで、この 30 パーセントというのが妥当かどうかは、正直いいまして現物を(ええ)見ておりませんのではっきりはいえませんが(ええ)、その分を差し引いた額ということなのだと思います。

【相】 ああそうですね、はい。

【弁】 それから、これもご希望には沿わない面があろうかと思いますが、Y シャツとか洋服ですね(はい)、新しく買ったと(はい)、その買ったのに関して(はい)、要するに必要性があるかどうか、つまり、すぐにその服を買い換えないとちょっといろいろ生活に不都合があったのでということであれば(はい)、費用として計上してもいいんですが、そうでない場合はクリーニングして(はい)普通に戻る場合であればそのクリーニング代がかかった費用、つまり(はい)損害の(はい、あ、そうですね、はい)対象になるかと思います。ですから、このへんはちょっと、この額だけではどういうふうに使用されたのか(はい)、ちょっと今のお話だけではちょっとわからないんですが(あ、そうですね)、そのへんのところで、本当に服が必要であれば、その旨をお話ししてきちんとこういう必要があって買ったんだということを明らかにして(はい)、その代金をいただく、そうでなければクリーニング代を中心に話を進める、あるいは(はい)中古として、つまり使用した分の(はい)減価(はい)、価値が下がった分の費用(はい)が、損害賠償の保険の対象になると思います(なるほどね、はい)。携帯電話などもたぶん、そうですね、減額されたっていうのはこれ、保険会社としては新品ではなくてある程度使っていただろうという前提だと思います。

【相】 あの、ま、減額されてますけど(はい)、たまたま、あの買ってすぐだったみたいで(ああそうですか)、そういう場合は再検討の余地はあると思うんですけど。

【弁】 そうですね。そのへんは、いつ買って(はい)、ほんとに全然使ってないんだということを(はい)、資料があればきちんと見せて(ああなるほどね)やられた方がいいと思います。たぶん、そういった資料なしの請求だけ(ああそうですよね)では、この表を見るかぎりでは、中古だと30パーセントであるということで(はい)一律減額をしているようですので(はい)、確かに新品と同様であるということは(はい)、資料等があればきちんと見せて、この減額はどういう理由なんですかという形で(はい)聞いてきちんと話をしていかれた方がいいと思います。

【相】なるほどね。裏づけをきちんと取って、ということですね。

【弁】そうですね。たとえば前日に買った物、領収書とかレシートとかが残っていて前日に買ったという物であれば、もう新品なんだから(ええ)新品の値段でお願いしますという(はい)話で、相手にしやすいじゃないですか(はい)。ですからそういった、資料をまず集めていただいた(あ、そうですね)方がいいと思います。

【相】なるほどね、あ、わかりました。

ここでは、弁護士が、新品と中古という二つのカテゴリーによって賠償額が変わってくること、自分の判断で代わりの新品を購入したとしても必ずしも当該費用を損害として認めてもらえるものではないとの判断の方向性(基準)を伝えている。

これに対して、相談者からは、この弁護士の定立した基準を前提として、「買ってすぐだったみたい」との事実関係についての注釈が付けられている。これは、これまでの相談者からの情報提供が、弁護士の基準の適用上からは、不十分であったこと、補足が必要であることに相談者が気づいたことによる。そして、「そういう場合は再検討の余地はあると思うんですけど」という相談者の自問自答のようなくだりは、この補足された事実によれば、結論が相談者側に有利に働くのではないかという形で、再確認したものである。

そして、これを受けて、弁護士も、「そうですね」として、この主張を是認した上で、「新品と同様であるということは、資料等があればきちんと見せて」として、「裏づけ資料」という、この場合の交渉上のポイントを説明し、再度、相談者がこれにうなずくという流れが生まれている。

なお、弁護士は、同様の趣旨を、説明手法を変えつつも繰り返して相談者に説明することで、相談者の理解を助けるとともに、納得のための時間をかけている。

その上で、これらの資料提示と併せて、譲歩しない相手方に対して、「この減額はどういう理由なんですかという形で」の交渉、正当性を示した上での交渉という手法を説いているものである。

交通費

【弁】次に交通費等ですね。ここ見ますとね、目的不明のためということですので(はい)、どういった理由でこれを(はい)お金を使ったかきちんと説明なさった方がいいと思います(あ、そうですね)。相手側は交通費といっても何のために使ったのかわからないから(はい)、損害賠償の対象に入れていないということだろうと思います(はい)。部屋に、要するに住めなくなったわけですよね(はい)。そのために、どこどこに移動するために使ったお金なんですよというのを、ちょっと明らかにして、これも話をされるべきだと思います(あ、はい)。ここに目的不明のためというふうに(はい)書いてありますので、そういう意味では、山田さんにとってご不満かと思いますが、向こう側ははっきり理由のわからないお金は出せないという態度ですから(あ、まあそうですね、はい)、あのたんに領収書だけでなく、こういった理由でこの交通費を使った(はい)というのを話して、それであと向こうが何て言うかはもう一回話をしていただくのがよろしいかと思います。
【相】あ、そうですね、はい(はい)。あ、わかりました。

ここでは、相手方が、「目的不明」というクレームを付けていることはわかっているが、相談者自身においても、その目的が必ずしも明確ではないようである。そのため、相手方のクレームに対応した形での主張準備の必要性という一般論の説明に終始している。弁護士の説明が、一般論としては説得力があるために、相談者も容易に納得している。

さらに突っ込んだ相談のためには、具体的な目的を尋ね、その目的との関係で、当該交通費の必要性、妥当性、合理性が判断されることになる。したがって、相談者から、当該目的についての説明がなされる場合には、これに対応した形での具体的な判断に移行することもありうる。

引越費用

【弁】 それから引越費用ですが、これがゼロになってますね。先ほどの話では、洋室の方に関しては(はい)全く被害は無いということですが、こちらの備考を見ると、洋間利用可ということで(はい)、たぶんこちらの荷物をこちらに動かすだけですんだから(はい)、外に動かすための費用はいらないだろうというふうに保険会社の方では考えているのではないでしょうか(そういうような気がしますね)。そこに関してはそうではないんだと(はい)、こちらにも荷物が置いてあってとても部屋の中で移動できないんで(はい)、外に持ち出したんだということをもう一度きちんと説明して(はい)、もう一回交渉なさった方がいいかもしれません(あ、そうですね)。向こうは、こっちに部屋が空いているんだから(ええ)、この中に、物を持っていけば足りるから(ええ)、外に持っていく必要はないという判断をしたと思います(ああそうですね)。ご面倒でも、そうではないということをもう一回説明することになると思いますね

【相】 ああそうですね。

ここでは、相手方の損害認定としては「ゼロ」査定になっていること、その理由が明確ではないこと、その上で「備考を見ると、洋間利用可」ということを手がかりとして、相手方の主張の真意を推し量っている。そして、「外に持ち出した」理由の説明をすべきことを「交通費」と同様に指摘する経過をたどっている。

相手方の主張の趣旨についての弁護士の推量については、相談者も理解を示し、これを前提とする対応の方法についても、一般論ではあるが理解を示している。このような、ごく当然と思われるような問題の整理、これへの対応の整理も、相談者にとっては今後の重要な指針となることがある。

実家への宿泊費

【弁】えっと、あとは実家宿泊費というのが、要はこれお金がこれだけかかったということになりますか。

【相】あの実際はかかんないんですけども(ええ)、あの、どのくらいの費用でみたらいいかちょっとわかんなかったんで(ええ)、まあ2万、1日2万、1人2万くらいの金額で、一応、ええ、そういうふうに数字出したんですけども、まあ妥当かどうかは、そのへんわかんなかったんで。

【弁】あ、そうですね。この点もお気もちはわかりますが、ちょっと1泊4万というのはご自宅にしてもちょっと高額なのかなと。損害というのは、やはり実際に払ったものですから、実家に行って(実家の分は払ってないんで)、実際にお金出てないですよね(はい、はい)。そういう意味ではなかなか認めづらい部分です(ああなるほどね)。ただ、ま、実際、食費等それなりの(はい)、出費があったというのであれば、実家にご迷惑かけて実家に何がしかのお礼を払ったとかそういう実費とかかかったのであれば、それはやっぱり(はい)、請求することも可能だと思います(あ、はい)。これはもう一回お話しなさった方がいいと思います(あ、そうですか)。実家にいたからゼロというわけではなくて、実家にいた分、ま、本来、ホテルとか(はい)使わない分(はい)安くすんだけれどもそれなりにお金はかかってるわけですよね(はい)。ゼロでは生活できないわけですから(はい)。そういった部分でいくら位かかったかってのをきちんと出した上で(はい)、もう一回お話をなさるといいと思います。

【相】あ、そうですか。なかなか実家に行った分は、あの数字、金額は出しにくいのですが。

【弁】そうですね。ただ裁判所は、賠償金額の算定の前提として、どのような損害がどの程度生じたのかを具体的に問題にするんです。相手方と交渉する場合にも、最後は裁判所でどうかという基準が背後にあるわけですから、結局同様のことが問題になるんですね。ですから、わかる出費については具体的に指摘しなければなりませんし、その合計が損害賠償の対象になるんだという考え方なんです。もちろん、努力の結果、安くすんだ、損害が圧縮されたということがありえますよね。実家に泊まったというのもその一例だと思われます。ただ、それにはそれなりの苦労があるのですから、それは慰謝料の算定で斟酌しましょう、実損とは別の項目で見ましょうというのが、現在の裁判所の考え方だといえると思います。

【相】 あ、そうですか(はい)。

実家に宿泊した分について、相談者側は１泊４万円を請求し、相手方は、ゼロ査定をしたようである。これに対して、弁護士のアドバイス内容は、「損害というのは、やはり実際に払ったもの」との一応の基準を示している。

また、具体的な数字については、明言を避け、「そういった部分でいくら位かかったかってのをきちんと出した上で、もう一回お話をなさるといい」という方向性を示すにとどめているものである。

相談者は、「あ、そうですか」と理解を示しつつも、「なかなか実家に行った分は、あの数字、金額は出しにくいのですが」として、弁護士の示した基準・方向について、若干のとまどいを見せている。

これに対して、裁判所の実損主義、被害者側の努力によって実損を抑えることができた場合の慰謝料での調整など、最近の実務に即した処理のポイントを紹介して、考え方の整理方法を示したものである。

慰謝料

【弁】 最後に、慰謝料ですね。

【相】 ま、あの、ま、いろいろ常識の線とか(あ、はい)いろいろ今までの流れがあると思うんで(そうですね)、自分が勝手な数字を出したんですけど([笑]ええ)、一般的にどういう流れでいった方がいいかなと思いまして。

ここでは、相談者は、最初から遠慮がちなもの言いである。慰謝料の額というわかりにくい分野について、どのような手法で考えるべきかも含めて、皆目見当がつかないという状況を説明しているものである。こういった場合、弁護士としては、まず慰謝料についての一般的・概括的な説明をすることが考えられる。

【弁】 そうですね、慰謝料に関しては、これ、なかなか算定が難しい(ああなるほどね)面があります。具体的にこういった被害を被ったので(はい)、実際には、山田さんの息子さんご夫婦も、引越早々ご苦労なさったわけですから、そういった話をして上乗せできないかという話になるかと思います。ただこれはちょっと、細かい話を聞かないとですね(はい)、ほんとにいくらが妥当なのかっていうのは正直わかりませんので(あ、なるほどね、はい)。まあただ向こうは全くゼロにしてますけども(ええ)、ま、やっぱり引越されたり、せっかくの新築の家なのに(はい、はい)１ヶ月住めなかったわけですから、そういったものは当然、何がしかの(はい)、やっぱり慰謝料的なものは、もらえることはもらえるはずだと思います(あ、そうですか)。

とくに新築で１ヶ月も住めなかったんです(はい)、そこのところはですね、きちんと話をして(はい)、この分苦労しましたからその点の手当てをして下さいというのを(はい)もう一回話をされるといいかと思います(あ、なるほどね)。

慰謝料が何に対するものなのか、どのようにして算定されるのかについては、必ずしも一義的に説明することが困難であるため、本件に即した形での一般論を説明している。事実関係の詳細が不明な状況下では、具体的な数字は困難なので、ある程度の抽象的な対応になることはやむをえなかったといえる。

【相】 あの、まあ、クリーニング代や交通費なんかは損害としては大した金額じゃないですけども(ええ)、ただそういう、精神的な(ああそうですね)損害の方がけっこう大きい数字なんで、ま、あの一般的、全体的なところがどうかと思いまして。

【弁】まあ、確かにおっしゃるとおり、小さなことでも積み重なると精神的には負担になりますよね。それと、実家に泊めてもらうなど、実損を少なくするための苦労なども、先ほど説明したように慰謝料では斟酌されることになりますね。ただ、慰謝料というのも形がないものですから、いくらいくら認めろという金額の算定は難しい面があるんです。

ここでは、質問したことについての、相談者の弁解のような発言を受け、逆に、弁護士から、そのような質問が無理からぬことである旨の共感の発言がなされている。これによって、相談者の気もちを受け止めている。その上で、「難しい」ことを再度、強調している。これによって、相談者は質問を拒否されたような思いから解放され、弁護士の言葉を受け入れやすくなる。

【相】ま、あの、一般的には、漏水ってそんなにいっぱいあるわけじゃありませんから(そうですね[笑]、で)、それで、こちらから無理な数字を出しても、実際にはね、やっぱり却下の方向で、ま、保険会社さんの方も、ま、事例があったとしてもそんなに多くは出してないと思うんで。

【弁】そうですね(ええ)、ただまあ保険会社の方はやっぱりなるべくお金は出したくないですから[基本的には]最低限で査定してきますから(ええ)、こちらの言うべきことは言う(ええ)。あるいは、出してもらえない理由をきちんと説明してもらう(はい)。で、説明がおかしかったらそれに対して反論なり、こちらから出せるものは出すという方向で(はい)、お話をされた方がいいと思います(なるほどね)。

ここでは、交渉に臨む基本的な姿勢についてのやりとりである。すでに、質問項目の全体についての一応のやりとりが終了したことを受けて、相談者自ら、まとめのような発言に移っているが、これを受けて、弁護士から基本的な姿勢について、再度、まとめの発言が行われている。

「こちらの言うべきことは言う。あるいは、出してもらえない理由をきちんと説明してもらう。で、説明がおかしかったらそれに対して反論なり、こちらから出せるものは出す」という基本的な姿勢は、これまでの話の集大成として、相談者の背中を押す言葉でもある。

このような状況に至れば、あとは相談をどのように締めくくるかという相談の終了の段階に移行することになる。

5 結論・クロージング

相談の終了は、それまでの相談の集大成であるとともに、相談が有意義であったこと、役に立ったこと、精神的に満足であったことなど、相談の成否が確認されるときでもある。

仮に相談者の期待する回答結果が与えられない場合でも、法的な状況を正しく理解することは、相談者がとるべき道をあやまらないという意味では相談者にとって有意義な相談であるといえるものであり、その意味では相談は成功したといえる。

このようなことも含めた広い意味での満足のために、相談の終了・クロージングにも意を用いる必要がある。

クロージング

【相】 ま、数字的に、全部トータルしても、そういう費用はあの[笑]大きくはならないんで、ある程度向こうの良心に任せるとか、まあ誠意を示してもらいたいところなんですが……。

【弁】 そうですね、まあ、あの、妥当かどうかは本当はもっと資料がなければいけません。今言ったように理由がきちんと(はい)、明らかではないものはきちんと聞かれる(はい)ことです。

このへんの、新品でない物は減額されて仕方ないけども(はい)新品であるとかそういったことがきちんと言えるのであれば(はい)、きちんと明らかにしてその額をもらうと(はい)いう形で話をしていかれるのがいいと思います(そうですね)。で、あの、さっき言ったようにちょっと問題があるのはやっぱり、実家の宿泊費が若干高めに(はい)なっているのと、慰謝料が、まあ査定ゼロになってますが、こちらの要求も若干高めだとは思いますので(はい、はい)この辺は話を向こう側として(はい)、どういった額が出るのかは(はい)、まあもう一回話をしていただいて(はい)、山田さんの方で納得される額が出るかどうか(はい)ということになると思います(はい)。

まあ若干低めに確かに出てはいると思いますが(はい、はい)、ほんとに正しいか正しくないかはもっと細かい資料や(はい)、あの、時間をかけて分析しないと(はい)、ちょっと出ないので、もう一度よくご検討いただければと思います。ただ、今言ったように、各品目では若干問題があるのでこういったことをきちんと話をして(はい)、増額なり、出してもらえる費用が若干はあると思いますので、そういった話をなされるのがいいと思います(はい)。結論としてそのようになろうかと思います。

【相】 はい(わかりました)。

【弁】 よろしいでしょうか。その他に何かあれば。

【相】 いえ、よくわかりました。すいません、いろいろありがとうございます。

相談の終了を意識して、弁護士からその日の相談を俯瞰し、弁護士としてのアドバイスの内容を整理し、まとめている。繰り返しであるとともに、相談者の理解を再度確認するものである。

これによって、相談者は、相談の成果を確認するとともに、相談後の一歩を踏み出すことを促される。理解しにくい回答でも、再整理することによって相談者の理解を促す時間と機会が与えられる。

ここでは弁護士の発語が多くなり、交互会話が終了したものであることが、その発語数によっても示されている。

この段階で、弁護士の話に対して相談者から異論や再度の質問などが出される場合には、堂々めぐりのループに陥ることがある(第2部第1章コラム「相談のループ現象」参照)。これは、相談者の性格による場合もあるが、基本的に、これまでの相談者の主張の聴き取りや弁護士の回答が、相談者にとっては不十分であると考えられていることに起因する。相談者重視の観点からは、問題・主張の聴き取りやこれに対する回答も、相談者がどのように理解したのか、納得したのかを確認しながら、相談者を置き去りにしないで、ともに協働・共有しながら進行することが必要であり、終了段階での点検ではこれらが試されることになる。

本件の弁護士は、最後に、「その他に何かあれば」として、相談者の意向を最終確認している。これによって、相談者は相談がその目的を達して終了したことを、自分自身で確認することができ、相談者としての立場を尊重されたという満足感とともに、相談が無事に終了したという満足感の中で、相談を切り上げることができるようになる。このような配慮によって、相談は円滑に終了する。

（**市川清文**）

第3部

さまざまな相談事例

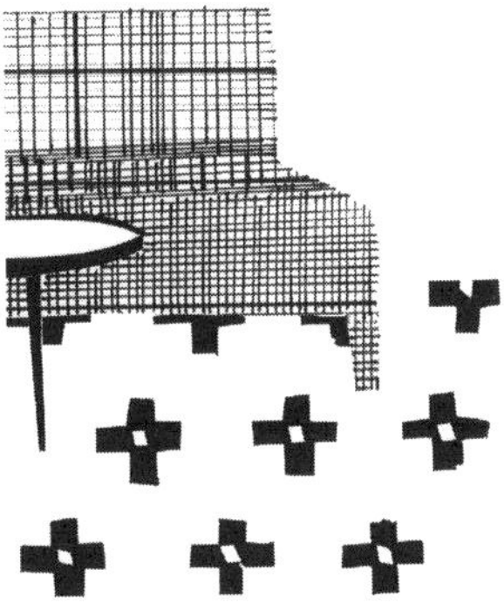

第1章 あまり話が進まないとき

1 解説

1 はじめに

この章では、相談者が積極的に話さず、弁護士からみて重要な事実関係がスムーズに出て来ない場合についての対応を検討する。

相談者が積極的に話さないケースは、最初から全般的に話したがらない場合、相談の途中から全般的に話さなくなる場合、特定の事項について話したがらない場合に分けられる。

相談者が最初から全般的に話したがらない場合は、次のような原因が考えられる。相談者が法律相談という慣れない場面で緊張している。相談者が内気な性格であったり話し下手である。信頼関係がまだできていないため話をためらっている。相談者があまりつまらないことを相談すると馬鹿にされたり弁護士に悪いのではないかと考えている。相談者自身がその法律相談にあまり意欲をもっていない(家族などに勧められて渋々相談している)。相談したいことがらがその性質上話しにくいことである、などである。

相談者が最初は積極的に話していたが途中から全般的に話したがらなくなった場合は、弁護士の対応に問題がなかったか検討しなければならない。

相談者が、一般的には話しているが特定の事項になると口をつぐんだり話をそらす場合には、次のような原因が考えられる。その事項について相談者が話すことを恥ずかしがっている。その事項が相談者にとってトラウマとなっている。相談者がそのことがらを重要でないと考えている。相談者がその事実を話すことが不利益になると考えている、などである(第2部第2章2節)。

2 相談者が最初から全般的に話さない場合の対応

相談者が緊張している場合には、弁護士の側で緊張を解きほぐすように世間話から入るなどの配慮が必要である。相談に入ってあいさつや自己紹介などをしながら、相談者が緊張したり上がってしまっていないかを見て判断することになる(アイス・ブレイキング、第2部第3章3節参照)。同様に、相談者が内気であったり話し下手である場合も、まず相談者にリラックスしてもらう必要がある。相談者にリラックスしてもらうためには、言語以外の要素も重要である。弁護士自身に焦りやいらだちがあったり堅苦しい態度があっては、相談者がリラックスして話すことはできない。そして、初対面の場合には相談者と弁護士の信頼関係ができていないために相談者が話しにくく感じていることも考えなければならない。とくに相談の最初の段階では、話を急がず、ゆったりとした態度で、相談者の話や態度を受け入れる姿勢を示すことが必要である。

相談者が自分が相談していることはつまらないことではないかと感じている場合がある。弁護士にはそのことがわからない場合が多いと思われるが、相談者が悩んでいることを受け止める姿勢を示すことで相談者の気が楽になり話が進展することもある。相談者が明確に「こんなことを聞いてもかまわないですか」と訊くこともある。このような場合にはもちろん肯定的な態度を示すべきである。相談者が「こういう相談はよくありますか」と訊くことはよくある。多くは、相談者が、他にも同じようなケースがあり他の人も相談していることを聞いて安心したいためである。その場合でも、相談者の相談がありふれているというニュアンスの回答は避けた方がいい。広い意味でとらえれば(たとえば隣人との紛争とか)よく相談があるが事件は一件一件事情が違って全く同じということはないというように、相談者のケースの個別事情にも関心があることを示しておいた方がいいであろう。

相談者自身がその法律相談にあまり意欲をもっていない場合もある。相談者自身はあまり相談に乗り気ではないが、家族などにいわれて渋々相談に訪れたような場合である。この場合でも、相談者自身も問題を解決したいという気持ちはある程度もっているものであり、弁護士が相談者の家族などのためでなく相談者自身のために相談をしていることを示すことで相談者の意欲を引き出せることもある。相談者の背後に相談を促している者がいると感じられるときには、相談者と相手方の関係だけでなく、相談者側の内部(家族など)の関係にも注意して事実関係の確認をする必要がある。相談者側の内部の意見が必ずしも一致していないような場合にはその中で相談者がどのような希望や意向をもっているかに焦点を当てて相談を進める必要がある。

相談の内容が、性的なことがらや病気に関すること、一般的に不品行・不道徳とみられるようなことであるために相談者が話しづらい様子を示すことがある。相談の途中でそのような事項に至って話が進まなくなることもあるが、相談カードに記載された相談項目自体からそのことが予測できる場合も多い。その場合、相談者に弁護士は専門家であり、そのような種類の話は聞き慣れていて、弁護士の前では恥ずかしく思うことはないのだと感じてもらうことが必要であり、有用である。そのためにも弁護士側は淡々と、しかし積極的に質問をした方がよい。ただし、あまり事務的になると相談者は、弁護士が自分が話しにくいということをわかってくれていないと感じることもある。弁護士は相談者の話に、態度で共感を示しつつ、弁護士が話の内容に関心をもっている(微妙なことだが「関心」であって「好奇心」ではない)ことを示すことも必要である。また、その中でもかなり立ち入った内容にわたる場合には、弁護士の判断のためになぜそのような事項を訊く必要があるのかについて簡単にでも説明できるよう意識しておく必要がある。相談者が話す必要性を納得することで話をすることへの心理的な抵抗を乗り切ることになる。他方、弁護士の側でも無自覚に不必要なことまで訊かないとともに必要な事項を落とさないためにも訊き取りの必要な範囲を意識的に検討することが重要である。

3 相談者が途中から全般的に話さなくなった場合の対応

相談者が、最初はスムーズに話していたが途中から全般的に話が進まなくなった場合には、弁護士の対応に問題がなかったかを検討する必要がある。

このような場合は、弁護士の態度に問題がある場合と、相談の進み方が相談者の期待に反する場合がある。

弁護士の態度に問題があって話が進まなくなる場合には、弁護士が相談者を追いつめている場合、弁護士の態度が高圧的であったり横柄であったり冷淡であったりする場合が考えられる。質問を急ぎすぎていないか、詰問調になっていないか、また自分の態度に問題がなかったかを冷静に検討してみる必要がある。

相談の進み方が相談者の期待に反する場合には、質問や回答が相談者の聞きたいことと別のことに集中している場合、回答が十分でない場合などが考えられる。回答にあたっては相談者のニーズがどこにあるのかをつねに意識する必要がある。また相談者のニーズに応えるためにも判断の前提として一見関係ないように感じられることがらをていねいに訊く必要がある場合には、相談者の態度によってはなぜこのことを訊く必要があるかを説明した方がよい場合がある。

なお、弁護士が相談事項についてよくわからないために相談者の失望を買っている場合の対応については第3部第4章を参照されたい。

4 特定の事項について話が進まない場合の対応

特定の事項について話が進まない場合においても、信頼関係の形成が十分でないために相談者が核心的な部分について話すのをためらっているのではないかどうかを検討する必要がある。まずは無理に聞き出そうとせずに他の話題で話を進めながら相談者の話に共感を示し、相談者の信頼を得るように努めることが必要ではないか検討すべきである。

相談者がその事項について恥ずかしいと思っているために話したがらない場合には、相談事項自体が性的なことがらであるような場合や、相談者が自分がしたことをばかげていると感じている場合などがある。性的なことがらであるような場合には、前述したように、弁護士は専門家でありそのような話は聞き慣れていて弁護士の前では恥ずかしがる必要などないと相談者に感じてもらう必要がある。そのためにも、弁護士はできるだけ淡々と質問をした方がよい。また、この場合は必要なことはできるだけ端的に質問した方がよい。相談者が自分のしたことがばかげたことであると考えて恥ずかしがっている場合、たとえば詐欺商法に引っかかったことを恥じているような場合には、そのような相談例が他にもあること、相手方の手口が巧妙であることを示唆することが有効である。ただし、相談者自身の行為が実際に悪いことでありそれを恥じている場合には安易に共感を示すことは避けるべきであり、この場合は後述の相談者が話すと不利益になると考えている場合として扱った方がよい。

その事項が相談者のトラウマになっている場合には、慎重な配慮を要する。この場合、性的なことがらの場合と同じように弁護士は専門家であり弁護士の前で話すことは恥ずかしくないと感じてもらうことは必要であるが、相談者の覚悟ができている場合でなければ最初から単刀直入に質問することは避けるべきである。質問の必要性について説明して相談者の納得を得る努力をした上で、周辺的な質問から入って相談者の様子を見つつ、進めるべきである。

相談者がその事項を重要でないと考えている場合は、弁護士が判断にあたってその事項を訊くことが必要だと考える理由を説明するべきである。相談者の方が、なぜそれを言う必要があるのか訊く場合もあるが、相談者が質問に対して必ずしも納得していない様子を見せるときには、訊かれなくてもこのように対応すべきである。

相談者がその事実を話すことが不利益になると考えている場合には、相談者が誤解している場合も実際に不利益になる場合もある。前者の例としてたとえば債務整理の話をしているときに消費者金融からの借入の最初の時期がいつかということについて、弁護士の立場からは古ければ古いほど借金を減額できたり過払いで取り戻せるのに、相談者は昔から借金をしている事実は不利になると考えていることが少なくない。そのような誤解の場合は、もちろん、それが誤解であり、実際には話した方がかえって有利になることを説明する必要がある。事案の解決という観点からは相談者に不利な事実の場合も、そもそも相談では正しい結果(の予測)がわかること自体、その後の相談者の適切な行動を考える上で有益であることを相談者に理解してもらう必要がある。また、弁護士が事案を解決する上でも、不利益な事実も事前に知っていればその不利益をなくしたり軽減する手段を考える余地があること、不利益な事実を知らずにいて訴訟や交渉の場で突然相手方から指摘されると最悪の結果となることを説明すべきである。

5 特定の事実についてあくまでも話さない場合の対応

相談者が特定の事実になると口をつぐんだり話をそらしたりする場合には、その事項が判断の上で必要であること、その事項のいかんで結論が変わってくることを説明することが必要となる。相談者がさらに話したがらない場合には、可能であれば、仮定のケースとしてその事項についてこういう場合であればこうなるということに言及することも、試みる価値がある。

しかし、それでもなお相談者が答えないときは、法律相談は真実発見の場ではないから、相談者には、今日話してもらった事実だけを前提にすればこういうことになる(話してもらえなかった事実の内容によっては答が違ってくる)という形で回答することになる。

❷ 事例——ことがらの性質上話しにくい事例

事例 ●1——中絶費用請求の相談事例

若い女性が妊娠中絶の費用を相手の男性に請求したいという相談。相手の男性は自分の子かどうかわからないとして拒否している事例。

●●

【弁】早速じゃご相談ということで。一応相談は中絶費用の請求ということですけども。もう、手術、中絶とか終わってるわけですか？

【相】終わってる。

【弁】大変でしたね。

> [解説] 相談者は中絶という望まない体験をしている。ここでさりげなく共感を示していることは話を進める上でも大事。

【弁】それで、相手はそのことはあの、そのことは知ってるわけですか？

【相】言って逃げられちゃった。

【弁】逃げられちゃった。それは何？ 妊娠がわかって、で逃げちゃったの？

【相】わかってー、自分の子かわかんないのに、金出す気はないみたい。

［解説］ここで相談者の相手方の主張が出てきている。ここですぐ聞くかは別として、相手方の主張の根拠を聞くことが必要になったことは頭に置いておく必要がある。

【弁】あー。あーそういうふうに言って逃げちゃったのね。えーっとその相手とのお付きあいっていうのはどのくらいなの？

【相】知りあってから？

【弁】うん。

【相】１年、弱ぐらい。

【弁】で１年くらい前から付きあってて……。

【相】付きあってはいない。

【弁】あ、付きあったのはいつぐらいから？

【相】１ヶ月ぐらい。

【弁】で、そういう関係になったのはいつぐらいから？

【相】そのとき。１年前。

［解説］相談者は肉体関係はあっても「付きあっていない」と答え、かつそのことにこだわりをみせている。重要な関連事項で相談者のとらえ方が弁護士と違う場合にはできるだけ具体的に確認しておいた方がよい。この場合相談者にとって「付きあう」ということの意味、相手方との関係の実情について確認することが必要だろう。

【弁】１年前。それで妊娠がわかったのがいつぐらいなの？

【相】先月。

【弁】先月ですね。それでそのときは、その、中絶する云々ていう話をしたわけ？

【相】した。で、切っちゃったんだけど。

【弁】で、それに対しては、さっき言ったような話だったと。

【相】うん。最初は、とりあえず「手術代半分ほしいんだけど」って言ったら、「出す、じゃ半分出すよ」って言ったんだけど、なんか、もう１回後で電話かかって来て、なんか、自分のってのが信じられない。

付きあってもない相手だから。

【弁】ふーん。ただまあそういう関係があったことは事実ですよね。

【相】そうです。

【弁】うん。まあちょうどその、妊娠がわかったころから逆算してだいたい、そのころ、その相手と、関係があったっていうのは間違いないわけね。それとは別にほかに誰か、そういう相手がいたわけじゃないでしょ？

【相】付きあってる人はいない。

［解説］相談者は相手方とも「付きあっていない」が肉体関係はあった。ここで「付きあっている人はいない」という答では肉体関係があった人が別にはいなかったか確認できていない。むしろここで相談者が「付きあっている人は」という言い方で答えていることに着目してさらに確認することが必要である。

【弁】うん。まあ向こうもそういう関係があったことは否定はしないんだろうね。

【相】でもこれで、訴えてお金もらえるの？

ポイント このケースでは、相談者が若い女性、弁護士が若い男性、相談内容が妊娠中絶ということから、弁護士がかなり遠慮してしまい、重要な事実を訊かないままで回答段階に入ってしまったというケースであった。この聴き取りでは相談者と相手の男性の関係がよくわからない。とくに相談者が「付きあっていない」と繰り返し言っていることを考えるとどういう関係であったのかさらに訊くことが必要であった。また、相手の男性がなぜ自分の子ではないと疑っているのか、該当する時期に他の男性と性的関係がなかったのかもさらに訊く必要があった。

変に遠慮せずに淡々とした姿勢で単刀直入に訊いた方がよかった事例と考えられる。

事例●2――不倫の相談事例

既婚男性と職場の同僚の既婚女性の不倫で、女性の夫から男性に対して損害賠償を請求してきて、男性とその妻が相談にきた事例。相手の夫から相談者の男性への請求とともに相談者の妻の方から相手の女性への請求ができるかも検討することになる。

●●

【弁】相手方は、どういう方なんですか？

【相】普通のサラリーマン。

【弁】で、その女性の方は、どこで知り合われたんですか？

【相】あ、自分の仕事場。

【弁】具体的に何をされているんですかね？

【相】サービス業ですね。

【弁】で、そこで知り合われて、(はい)関係を持たれたということなんですけれど、具体的にその交際の時期とかっていうのはどういう形になりますかね？　いつ頃からお付きあいし始めて、いつ頃からそういう、関係になったのかというようなことなんですけれども。

【相】１月。

【弁】あ、今年の？　はい、で、それで？

【相】そういう関係になったのは２月ですね。

【弁】それで、発覚したのは？

【相】先週の日曜日。

【弁】それは相手方から、そういう話になってきたということですか？

【相】はい。

［解説］相談者は、聞かれたことについてほとんど単語だけかそれに近い短い答にとどまっている。相談事項が不倫であり話しにくいことが見て取れる。弁護士としては、ひと工夫必要かなと感じられる展開。判断の難しいところではあるが、不倫の関係になったいきさつを「順を追って話していただけますか」というような形で相談者に自由にしゃべってもらって、適宜相づちを入れなが

ら話を促し、相談者自身が話したい方向を様子見する方がよかったかもしれない。

【弁】現実としてね、まずあの、どちらが誘ったのかとかっていうのは、あります？　二人でね。

【相】はい。

【弁】こう、要するにどっちかがもう、誘ってってということがまずあるんであれば、まあ、たとえばその、あなたの方がね。誘ったとかっていうことでね、向こうは言ってくるとは思うんだけれども、現実として、まあ二人でそういう、まあ、流れでね、なってしまったということであれば、それは、あなただけの責任っていうふうにはやはり言えないですよね？

【相】はい。

【弁】うん、ま、フィフティー・フィフティーというかね。

［解説］この事例では、弁護士は相談者が話さないのでクローズド・クエスチョンで進めることにしたが、それにとどまらず相談者の答を先取りし、誘導的な質問になってしまっている。たとえば、この質問の場合は、どちらが誘ったのか、どういうふうに誘ったのかというところで止めて相談者にまず答えてもらう必要がある。

ポイント このケースでは、相談者が積極的に話したがらないこともあり、不倫に至るいきさつや不倫についての認識等の重要な事実関係をほとんど弁護士の方で想定して、相談者はそれを肯定するという形で相談が進められている。このような聞き方だと具体的な事実や判断のよりどころとなる事実がわからない。

相談者が話しにくい事項であることを考慮して、信頼関係の形成に努めた上で、より積極的に関心を示したりそのことを聞きたい理由を説明するなどして相談者の理解を得る試みをすべきであろう。そして相談者に話をしようという気持ちを強めてもらい、「はい」や「うん」だけでなくもっと具体的に話してもらうことが必要であろう。

③ 事例――相談者が相談事項について重要と考えていない場合

事例●3――賃貸物件の相続の相談事例

賃貸物件について相続したが、遺産分割の協議がまとまらず、その間に借り主が賃貸借の対象範囲を超えて利用するなどしているので明け渡し等を求めたいという相談。弁護士としては相続人がそれぞれどういう考えなのか聞きたいところである。

●●

【弁】相続でもめたってことなんですけれども、具体的に、その相続でもめてた部分ていうのはどういう形でもめてたんですか？

【相】やっぱりそういう誰があの、その所有するかっていう、あとその、ここで得られる、そういうアパートの賃料とかまあ利益についてどういう分配をするかっていうので。すんなりいかなかったんですけれども……。

> ［解説］ここで賃貸借関係とは別に相続自体について相続人の意見が割れていることが出てきている。相続人の間でどのように意見が分かれているのか、相談者自身はどういう意見なのかは、相談者のニーズを考える上でも聞いておきたい。

【相】今に至ってずっともめちゃってるんですけど、結局このままもめ続けている間にも、ここでやっぱりこういう損害がでてしまうんで、もめるにはもめてもいいんですけど、まあとりあえず、そういう損害がでるのは抑えておきたいっていうのが目的なんですけれども。

【弁】まずその、おそらく相続の方をね、きちっとしないとですね、こちらがじゃあその間どうかっていっても、今、もうこの状態で賃借人の方で3年くらい経ってるわけですよね？　で、まあ、この会社自体は続いているわけですよね？　で、まずは相続の方をしっかりした形でやった方が、賃貸人の方にも話をした方がいいと思うんですよ。あのこういう状態ですと、その、こっちでももめてて、こっちでももめててっていうことだと、あの相続の方でその足なみが結局ね、ご兄弟でそろわないで、賃借人とどういうふうに解決するかということでそろわないで、結局こううまくいかない場合もあると思うんですね。

【相】 うん、一応、なんかここの問題についてはやっぱりこの賃借人に出て行ってもらうってことであの全員あの話っていうか意思はあってるんですけども、結局その後の土地とか、得られた利益についてどういうふうに分配するかっていうところでやっぱりまたもめてきてしまってくるんです。ですから争うにあたっては、そういう、結果はどうしたいかっていうのは同じなんですけれども、その後どうするかっていうのでまた問題が出てきてしまうと思います。

> ［**解説**］相談者は賃貸借のことが相談対象だとしているけれども、折々に相続の問題にも触れている。そうでありながら自分から具体的には話していない。相談者が相続の問題を気にしていることは明らかで、他方自分から具体的には話さないので、相談者のニーズを考える上で弁護士の方で必要性を示して確認しておくことが必要。弁護士はその意識もあって話を向けているが、中途半端に終わっている。ここでは、賃借人に出て行ってもらった後のことについて、相続人の誰がどういう意見で相談者自身はどうしたいのか、端的に聞いておくべきであろう。

ポイント 相談者が積極的に話さない場合には、相談者がその事項の重要性について認識していない、相談者の希望する解決につながらないと考えているのでその事項に触れたくない、話が少し複雑なので話すのがめんどうに感じている、相談者自身が正確に(詳しく)は知らない、相談者自身は相談の意欲が低い(他の人に勧められて渋々相談にきた)などの事情が考えられる。

このケースでは相談者がその事項の重要性について認識していない、相談者の希望する解決につながらないと考えているのでその事項に触れたくない、相談者自身は相談の意欲が低いなどの可能性が考えられ、それに応じた対策が必要であろう。

❹ まとめ――あまり話が進まない事例

相談者が最初から全般的に話さない場合には、相談者が緊張していたり信頼関係ができていないから話しにくいのではないかと考えて、相談者がリラックスできるように世間話や周辺的な話題から入り、相談者の話への共感的な理解を示したりすることで、相談者との信頼関係作りと話しやすい雰囲気作りに努めるべきである。その場合、言語以外の弁護士の態度も重要である。

相談事項が性的な事項など一般的に話しにくい事項であるために相談者が積極的でない場合は、弁護士としては専門家らしい淡々とした態度で質問をした方がいい。それでも相談者が積極的に話さないときは無理に進めず周辺的な話題で信頼関係の形成に努めるべきである。

相談事項が一般に話しにくい事項ではないが相談者が積極的に話さないときには、相談者が話しにくい理由はどこにあるのかを(もちろん弁護士の態度に問題はないかも)考えつつ、相談者の話に関心と共感的理解を示し、弁護士が相談者のために相談していることを理解してもらうよう努める必要がある。

相談者が、はじめは積極的に話していたが途中から全般的に話が進まなくなった場合には、まず弁護士の態度に問題がなかったか、弁護士の質問や回答が的はずれであったり相談者のニーズを満たしていなかったのではないかを検討すべきである。

相談者が特定の事項になると口をつぐんだり話をそらす場合には、その事情に応じて、弁護士として専門家らしい態度で話を進め、その事項を訊くことの必要性や相談者の利益になることなどを説明するなどして、相談者の理解を得るよう努めるべきである。

しかし、相談者があくまでも話さない場合には、無理強いするべきではなく、話された範囲のことを前提とした場合にはという条件つきでの回答をすることになる。

（伊東良徳）

第2章 相談者が多弁な場合

❶ 解説

1 はじめに

相談者が多弁な場合の原因としては、たんに話すことが好きな場合や、相談対象に対して思い入れが強すぎて法的に必要かどうかに関係なく自己が関係あると思うことを話す場合、また、相談内容が複雑かつ多岐にわたることから相談者が混乱して長くなる場合などが考えられる。ただ、相談者が多弁だというだけで問題が生じるわけではなく、むしろ一般的には弁護士にとってそれだけ得られる情報が多くなって有用なことの方が多いともいえる。それだけにこの類型の場合の対応には、当該事例が問題事例なのかどうか見きわめる必要があり、的確に対応するには専門技術が必要な場合が多く、注意が必要である。

2 相談者が多弁の場合の問題点

相談者が多弁だとどうしても相談自体に時間がかかり、設定された相談時間内で解決することが難しくなる。また、与えられる情報が多いと混乱が生じやすくかえって問題点の把握が難しくなるという場合が発生する。そして、以上の問題を回避しようと相談者の発言を安易に制約しようとすると相談者に不満が残り、訊き出さなければならないことまで訊き出せなくなってしまう場合がある。こうした点で慎重な対応が必要である。

3 一般的対応方法

前提として相談者の話をきちんと聴くという姿勢を示すことは重要である。その上で、弁護士側で話の内容を要件事実に沿って整理することが基本である。その際、相談者の気持ちを損ねないように話を区切り、弁護士からの確認の質問を差し挟むことで流れを作っていく。確認の質問は、相談者にとって自分の話をきちんと聴いてくれているという印象を与えることから、このケースに限らず重要である。

❷ 事 例

事例 ●1 ──話したがりの事例

先物取引に手を出して 2000 万円の損失を出したので、その被害回復をしたい事案であるのに、ついつい、本筋と関係のない話をだらだらと続けてしまう例。

●●

［弁護士が会社との取引の詳細を聞こうとしているが］

【弁】まあどの程度回収できるかはちょっとまあ検討してみてから。

【相】そうですね。

【弁】そこで、会社との取引の内容はどんなものだったですか？

【相】あの会社としては、あまり、まあ筋的によくないっていう、そういうことをよくやってる、まあ、問題は 1 件もないとは言ってますけどね、色んなトラブルがあるって。

【弁】えっ、ちょっとよくわからないですけどどういうこと。

【相】よく言うんですよ、そこの会社の人が、「他のところは何件もそういう苦情があるけどうちは 1 件もないんですよ」って、そういうのが、売りみたいな形で言ってたんですよ、であとね、印象はね、何か会社が暗いなって気はしたんですね、行ったときに。

【弁】外から見た感じですか？

【相】ううん、じゃなくてね、働いてる人が。

【弁】えっ、……。

【相】若い人ばっかりなんです。

【弁】そうですね、ああいうところはね。

> ［解説］弁護士が訊こうとしていることとは直接関係ないことを相談者が話しているにもかかわらず、相談者の話に弁護士がただ合わせてしまっている。

【相】それで若い人ばっかりで、あの、生き生きと仕事をしてるっていう感じはなくて、なんかその、支店長とかに顔色うかがいながら嫌々仕事しているような。

【弁】まあノルマとかもありますしね。

【相】でしょうねー、だからなんか暗いんですよ。

【弁】あのー、そんなに、暗いんですか？ 別に犯罪行為をしているわけではないじゃない。

【相】言葉が妙にていねいなんですよ。

【弁】まあそうですけど……。

【相】言葉はていねいなんだけど、パッと見たときに、えー、なんか、まあ私なんか長いこと会社勤めをしてて、会社ってこういうもんじゃないよなって思うんですよ。わかります？ 言ってること、何となく暗いっていうか、萎縮してるっていうか。

【弁】まああんまり、胸張ってできるかっていうと、あのー、ないわけじゃないんで。

> ［解説］話がどんどん弁護士の訊きたいことからさらにずれてしまっているのに、弁護士はまったく対応をしていない。

【相】例えば客に損なんかさせたときに誇りもって仕事できてんのかなと、取引が裏目に出たときに、こうだと思ってやったけど申し訳ないっていうのはわかるんですよね、多分。だけど、あの、手数料っていうのがありますでしょう、手数料は確実に入るんですよね。私が損しようが儲けようが。

【弁】そうですね、そういうのが、それが、ま、手数料っていうもんなので、はい。

【相】だからそういう面で、それで成り立ってるから。

【弁】自分とこは損しないというのが、基本ではありますから。

【相】だから、多分に達成感が得られないせいかっていうか、会社行ったときには、若い人がいるにもかかわらず、あれっていう感じがしましたね、だからそこんとこに行ったときにもうすぐにバッてやめればよかったんでしょうけど、少しでも取り戻してと思ってるうちにもう。

【弁】あ、ちょっといいですか？ ここで、あなたにとって重要な点を確認したいのでちょっと話を戻しますよ、よろしいですか。あなたの取引の中に両建てというのがあったのはだいたいいつぐらいの話なんですか？

【相】もう最初からですね。

ポイント 以上の通り、話が本筋から離れやすい相談者であるのに不用意に相づちを打ってしまって、話がどんどんそれてしまっている。このような事態に陥ってしまったときは、いかに相談者の気分を損ねずに必要な話に戻すかがポイントであり、方法としては相談者の話した部分には十分な共感的態度を示してから、本件での重要ポイントを提示して話を戻すことが効果的である。本例は本筋からはずれるような方向にしてしまった点は問題であるが、相談者に利益になることを示しての本筋への戻し方は評価できるものである。

事例●2──思いこみ型の事例

隣人から嫌がらせを受けて困っている。無言電話、木を切られる、警察には相談済みだがあまり動いてくれないなど、次から次へと不満を言い出す、つまり、重要性の低い点を重要だと思いこみ、それしか話さない傾向の強い事例。

●●

【弁】どういうことがあったんですか？

【相】あのね、これが一つの現象なんだけどね、その、もうちょ、もうちょっと根深いのが一つあって、私が9年前からね、実はそこの○○ってとこ住んでるんですけど、ちょうど私が行った次の日に引っ越してきた人なんですよ、で、その方が、えーっとはじめ犬を飼ってたのね、であんまり犬がうるさいんで、あんまり、無駄吠えするんで、そのうちに怒鳴り込んできたんですよ、なんだそのー、ね、犬はあのー、そんな、あのー、絞め殺すわけにはいかないんだから、このまま放置をしていたら、すると、ずーっと根にもってるわけですね、でね、それから、おかしい現象がずーっと続いてね、……[中略、この間無言電話とか、勝手に樹木を伐採されたとか細々とした訴えが続いた]……、警察を呼んで相談したんですよ。そうしたら、カメラを撮りましょうと、えー設置しましょうなんつってるけど、そいつが自治会の役員なんで全部情報はバレバレなんですよ、その色々、要するに、嫌がらせやられてて、で、えーっとー、そのね、……。

【弁】えーっとじゃあ……。

【相】うちの女房が、その去年の8月の、えーっと6日、6日だったかな、ちょっと忘れたんだけど、うちの裏の奥さんとおー、旦那さんが夜中の2時に、切ってるのを目撃したんですよ、で目撃したんで警察に行ったわけですよ。そしたら、えーっとその写真が撮れないかと、お宅の奥さんだけじゃなあっていう話があったんですよ。ほかの警察にも行ったんですが、やっぱりおんなじようなこと言われて、そのくらいのあれじゃあ、なんか告発とかそういうのできないんですかね？

【弁】えーとですね、見ただけですとやはりちょっと証拠として、多少弱いところがあるので、とりあえずそれでしたら、メモだけでも構いませんので、それを……。

> [解説] この時点で弁護士としては、相談者が相当に思いこみが激しくて気分が高ぶっていることを察して、冷静にさせるべく相談者に注文を出している。

【相】それはいっぱいある、もう、全部メモしてある。それでね、警察はね、そんでね、去年のその7月10日から31日までうちはやられつづけたんで110番そのたびにして、で2ヶ月間パトロールを、夜間パトロール、毎日、でも、警察もただ来てさ、「来ました」って言っていくだけなんですよ。

【弁】んーなるほど。

【相】だから、全然役立たないっつうか。うちの女房の目撃だけでは、その、そういう裁判にできないのかと。それから、もう、もうそれ以降もう、見ても一切、あ、不思議なのはね、あの犬の散歩で私がこういうふうに散歩して、裏のご主人さんが散歩してるでしょ、私を見た途端にくるっと回ってね、あの、なんだこの野郎って来た奴が逃げるんですよ。するとね、うちに変な無言電話来たんですよ。無言電話の他にも、女房にね、裏のその大学生かなあ、４年制のＴ大学行ってる子がいるんですよ。でそのー、そいつが、「奥さん不倫しましょう」って、どうも裏の息子の声だっていうんだ。あのー、どうもその人なんですよ（うん）、もう間違いなくね。

【弁】それでしたらあの、……。

【相】うん、なんかいい方法ないすかね？

【弁】やはりあの、客観的な証拠をもってくる。そうですね、警察の事情としてはやはり、隣人同士のトラブルですので、警察が入らずにお話しあいで解決した方がいいんじゃないかというスタンスだと思うんですが。

【相】しかし、かなり悪質でしょ、もう９年間ずっとやられてるんですよ。

【弁】うん。もうーね、お話しあいだけじゃ解決できない。

【相】もう駄目だね、裁判もうしようかなと。向こうは喧嘩する気っつうか、うちをその、追い出そうってそういうあれでいるんだから。

【弁】うん、まあそこで裁判をしてしまうと、こじれ……。

【相】関係ないねもう。こじれても関係ないですよもう。

【弁】なるほど。もし本当にそういうおつもりであるのであれば、しかたがないですね。ただ、刑事問題は警察が動かないかぎり難しいですね。

【相】そうなんですよ。

【弁】民事的な解決をするにはまあ、あのー、訴えることは可能だと思います。あのー、被害を受けてますし、慰謝料請求ですとかはできると思うんですが、警察でそういう形で責任を取らせるにしても、民事的な責任を追及するにしても、どちらにしてもやはり証拠が必要になってきます。

【相】やっぱ、うーん。

【弁】動かせぬ証拠というのを集める、これがまず大事じゃないかとは思います。ただ、一つまあ法律を離れて多少懸念しますのが、あのそういう形でこちらが強行的な手段に出た場合に、さらに向こうに強行的な手段に出られてしまうのではないか。そういうところをちょっとあの、まあ、法律的なこととは関係ないんですが、その辺をですね、考える必要はあるかと思いますので、もしやるのであれば多少その、あまり急を要さない方がいいのではないかなというふうに思うのですが。

【相】あのーそうですか。

ポイント この相談者は、自分の中に大きな不満があり、それを吐きださずにはいられない心理状態であり、それゆえべらべら話をしている。このような状況でありながら、限られた時間の中で、可能なかぎりの話をしてもらっている。そして、共感を十分に示しつつ相談内容の弱い点、特に証拠の脆弱性など、相談者の不利益になる点まで相談者の同意を求めるなどの方法で相談者の納得を引き出しつつ妥当な方向へ導こうとしている点で評価できる事例である。しかし、どの程度共感を示すか、どの程度相談者に話をさせるかはかなり難しい問題であり、一定のトレーニングが必要である。

事例●3――混乱型の事例

国外にいる夫の問題に関する相談で、代理相談であるため相談者自身が問題点を理解していないことから話の筋道が混乱している。そのため一生懸命説明しようとして多弁になっている事例。

●●

【相】まず、えっと、主人を助けていただきたいと思います。今、現在、主人は○○国におります。で、○○国大使館の保護のもとにおります。[最初から混乱している。正しくは○○国の日本大使館]

【弁】○○大使館の保護？

【相】はい、○○国内の日本大、日本大使館の保護下にありますが、えっと大使館の方では現在、あ、ちょっとすいません。日本の社長と金銭的なトラブルがありまして。

【弁】なんていう人ですか？

【相】私はその方とは、△△さんって方とは、えっと、こないだほとんど脅かしのような状態で、ま、事務所来いやって、要するにもともと暴力団の関係者ですね。

【弁】暴力団？

【相】その方との金銭上のトラブルですが、私はほとんど関与してないっていえばまあ、うん、関与してないはほとんどなんですけど、ある程度は流れは知っているんですけれども、仕事については、主人と△△さんとの間のことですから、金銭のやり取りは全部は理解しておりません。その中で、社長が言うには、うちのが横領したと、または詐欺であると言ってきているのですよ。

【弁】えっと社員なんですか？

【相】いえ、全然まったく、うちは個人事業主でやっておりまして、まずあの、うちの方もちょっとあまりよくなかったものですから、個人でやってるものですから、あの、まあ、求人広告ってありますよね、長距離とかトラックの関係ですので、ドライバーの方の募集で、トレーラーの募集で、での出会いが初めなんです。その、話の二人の中では、そうですね、多分そうだったと思います、私が聞いてる上では、○○国で、廃材の輸出ですね、をやらないか、どっちからそれを切り出したのかまったくわからない。というのは、社長はもともと俺が話を切り出したと、いや、私が聞いてる話では主人が、もともと求人だったのに社長から話したって言うんですよ。求人、求人で行って、あの、お金がないから働きにいっているのに、あの、もともとは主人の話では、あの、社長の方からやらないかと。[ここでもかなり混乱している]

【弁】えっと、廃材の輸入の仕事？ 材木、廃材を○○国から日本にもってくるんですか？

【相】そうです。日本から……。

【弁】廃材を○○国にもっていく、じゃ輸出ですね、廃材の輸出。

【相】輸出ですね。で、その中の、流れの中で、色々なたくさんのトラブルがありました。で、大きな問題は、現金をかなり渡していると、主人に、しかも借用書があると。

【弁】預り書じゃなくて借用書ですか？

【相】借用書です。で、それを着服してると、○○国に、あの経費として、事業資金として、経費をあの請求しておきながら、全額送っていないと。

【弁】うんと、それは日本から廃材を輸出するという話ですよね？ そのためにお金を？

【相】輸出が、あの輸出税金だのかかりますよね、あとコンテナ代とか。

【弁】あ、そういうことですか。

［解説］相談者は、ここまでにもいろいろなことを脈絡なく述べている。このまま話してもらっても、混迷が深まるばかりであろう。このあたりで、「あ、そういうことですか」というように安易に聞き流すのではなく、弁護士主導で少し話を整理してみる必要もあろう。たとえば、ここまででも人とお金と仕事の話が出ているが、「わかりました。少しこちらから整理させてもらってもよろしいでしょうか。まず、ご主人は現在どこにいらっしゃるんでしたっけ？」「いまどういった状況なんですか」「お金は誰から誰に渡ったのですか」といった具合に、弁護士の方でポイントを示し、あわてなくてもよい旨を説明したうえで、個々の事実を整理していくべきであろう。ここでも重要なのは、繰り返しなどを行うことによって、弁護士の方でもちゃんと理解していることを示すことである。

【相】そういう経費を預かって出すのにお金がかかる、受け取るのにお金がかかる。その中でいくらいくらかかるという、この請求額は、私はいっさい知りません。で、いつ受け取ったかも知りません。で、それを全額送金をしていないと、で、うまく流れていないのは、うちの人が、主人が、その……。

【弁】 ちょっと待ってください。送金していないというのは、えっと、△△さんが、ご主人に国内でお金を渡した？　それをご主人がきちんと○○国に送金をしていないということですか？

【相】 うちのスタッフっていうんですかね、やっぱりだから個人事業主代表窓口、ですね、やっている人間がおりまして。

【弁】 それは△△さんの社員ですか？

【相】 社員では全然ないですね。曖昧な言い方するとスタッフです。あるいはまあ、友だちでもある、あり、スタッフでもある。で、その人を 100 パーセント信用して送金をうちはしていると、まあ、私は見てないし、送金している場所も知らないし。ただ、主人は送金していると。ただ、その仕事がうまくいかないのは、△△は、うちの主人が全額送金していないからではないかと疑いをもちはじめまして、で、△△さんが、実際に○○国に行って見てきたそうなんです。

【弁】 何を見てきたんです？

【相】 あの、要するに事務所ですとか、その事務所にいくらいくら、たとえば、あの、12 フィート、40 フィートとかのコンテナを、その中の廃材を受け取るための、倉庫とかですね、見てきたらしいんですよ。ところが送金した額面とは思えないような事務所であると。それで主人と○○へ一緒に行ってほしいと。ところが主人はですね、その日にも、空港にもまず迎えにこない。まず空港から迎えにくることは約束だったらしいんですけど、そこからもう、主人は迎えにきたら酒を飲んで、女を連れてきたとか、まあ、私は実際見てないんですけど、まあ、そういう文句を私には言いはじめてきたんですが。

【弁】 あなたが現実に見ていないのは当然でしょうね。

【相】 はい、で、唯一私がお金の流れを知っているのが、2 月の 18 日に、2 月 15 日に、○○国に入国しているんですが、2 月 18 日の前日の夜に、△△が 220 万を受け取ってます。

【弁】 18 日に受け取ってるというのは？　ええと、△△から、ご主人が受け取ったということ？

【相】220万。で、220万を受け取ったと。私は、数えて220万あったうち、20万を私が受け取ったんですよ。預かった保管した。ある意味で、まあ……。

【弁】お金の授受は○○国ではなく日本でということですね。あなたもその現場にいたということでよろしいんですね。

【相】えっ、はい。

ポイント 本事例は、相談者がかなり混乱しており、混乱の原因が焦りと緊張以外に、自己の体験にもとづくことと伝聞の部分とが混在することで、説明がきちんとしていないとの自覚から多弁になっており、弁護士がそれに振り回されているものである。このような場合、早期に弁護士が混乱の原因を見きわめ、それに応じた対応が必要であり、単純に落ち着かせるだけで収まる場合もあれば、それだけでは収まらない場合もある。一般的には、一定のところで相談者の話を区切り、要約する形で確認していく手法が有用であるが、本件のように単純な客観的事実レベルでも混乱している場合は、さらに相談者が確実に答えられ、かつ、その真偽がその場で明確な質問を何回か繰り返すことで混乱状態を整理するという手法が必要である。また相談者がわからないことやはっきりしないことは、曖昧なままでよく無理に明確にしなくてもかまわない旨を弁護士が示唆することも、無用な混乱を収束させる手段として有用である。本例で弁護士は最低限の事実確認こそしているが混乱の原因を見きわめているとはいえず、混乱に引きずられたまま相談が進んでしまっている。

❸ まとめ――相談者が多弁な場合

多弁な場合とは一見情報が多すぎる場合と思えるが、たいていは逆に必要な情報量が不足することが多いものである。情報量として足りているのであれば、後は時間内に収めるべく整理すれば足りることになる。しかし、実際には足りていない場合がふつうであることを認識する必要がある。そして、何がどう不足しているのか、不足点をどう訊き出すか(相談者の気分を害さずに)が、相談の成否を握っている。つまり、どこで相談者の性格を見きるか、話を切って整理する場合、途中で相談者を持ち上げるなど具体的共感を示すとともに、話の腰を折られたとの印象を与えない工夫が重要である。

(溝呂木雄浩)

第3章 相談者が複数の場合

1 解説

1 はじめに

相談者が複数の場合、特別な配慮がいらない場合もあるが、多くは一定の配慮などが要求されることは多い。そこで、ここでは相談者が複数いる場合についての問題点とその対応方法について、事例をとおして検討する。

2 複数相談者の類型

相談者が複数訪れる場合の類型としては、

① 家族等の関係者全員に影響する一つの問題に関して複数人が訪れる場合。たとえば、借金の相続問題や近隣騒音等。

② 同様の問題をもっている者が複数集まって訪れる場合。たとえば、消費者被害で被害者が数名集まる場合等。

③ 相談者本人と付添いの人が訪れる場合。たとえば、子どもへの親の付添いや、部下の問題について上司が付き添う場合等。

④ 両当事者に関係する問題であるが、利害対立が生じる可能性のある場合。たとえば、借金の主債務者と保証人等。

⑤ 問題の対立当事者が訪れる場合。

相談者が複数の場合、相談者相互の関係により対応方法の注意点が異なってくるので、どのパターンの問題であるかということを可能なかぎり相談冒頭で確認することが必要不可欠である。ただ、①〜⑤の分類は一応のものでしかないという点と、また、相談の過程でほかのパターンに変化していく可能性を想定しておく必要がある。

相談者が実際には複数訪れないが相談者の背後に相談者以外の者がいる場合、この場合も冒頭で可能なかぎり確認するのが好ましいが、上記の場合以上に相談当初ではわからない場合がありうるので注意が必要である。

① 代理相談の場合。たとえば、父親が子どもの抱える問題を相談する場合がある。この場合も依頼を受けて相談にくる場合と、勝手に相談にくる場合とがある。上記「複数訪れる場合」との関係では③の「相談者本人と付添いの人が訪れる場合」に問題状況が近似することになる。

② 代表相談の場合。たとえば複数の人(家族、近隣住民等)が同様の問題を抱えている場合で、その中の一人が代表して相談にくる場合。上記「複数訪れる場合」との関係では①の家族等の関係者全員に影響する一つの問題に関して複数人が訪れる場合や、②の同様の問題をもっている者が複数集まって訪れる場合と、問題状況が近似することになる。

3 共通する注意点とそれぞれの注意点

共通の注意点としては、人間関係および利害関係の確認を可能なかぎり相談初期で行い、それにあわせた聴取を心がけることである。

複数の相談者がきた場合、相談者全員に共通する問題(①)であれば、実質的な問題は一つなので、通常と同様に考えていけばよい。

複数が同様の問題を抱えている場合(②)も、問題点は共通であると考えられるので、過度に複数相談者であるということにこだわらず、大筋の問題をまず摑むことを心がけるべきである。大筋を摑んだ上で、個別事情を確認してゆく作業を行うことが必要である。この場合には、複数人のうち、まず中心に話ができる人から全体の流れを聴くようにした方がよい。多少個々人で理解が違うため、横槍が入ることはあるが、ある程度話をする人を絞った方がよい。ただ、一番よくしゃべる人が、語るに一番ふさわしい人とは限らないので、あまり的はずれな話ばかりする人については、発言を控えてもらった方がよい場合もある(第 3 部第 2 章参照)。そして、大筋を摑んだ上で、他の人から補充説明や個別事情を聴いてゆく作業を行う。共通事情と個別事情については、十分吟味して、わけて理解する態度が必要であろう。

付添いでくる場合(③)には、若干異なった配慮が必要となる。前述したように、付添いは、高齢者や子どもの場合などは、話の理解のためには有効であるとしても、本人の意向や認識の確認を妨げる恐れもある。また、本人は相談したくないのに、家族や上司に無理やり連れてこられるような場合もある。付添いの存在も良し悪しであり、場合によっては、付添いの話を妨げても、本人に確認することが必要な場合もある。

利害対立が生じうる場合(④)には、さらに慎重な配慮が必要であろう。原則として、このような場合、相談を始める前に利害対立の存在が判明したら、どちらかを相談からはずすか、相談自体を中止しなければならない場合がありうる。これは主として弁護士倫理にかかわることなのでここではこれ以上深入りはしないが、ここでの検討としては、弁護士倫理上問題にはならない範囲という前提で検討することとしたい。そこで、この類型で相談を続行する場合としての注意点を検討する。

主債務者と保証人が一緒に来る場合には、現状についてきちんと説明をした上で、たとえ一方に責任があるとしても、現状打破のためには、双方が協力していく必要があることなど、対立が表面化しないように話を進めるなどの工夫が必要である。たとえば、債権者と交渉するにしても、双方が一緒に対応すれば、交渉がやりやすいということを説くとか、かりに保証人が一時的に支払いを行わなければならないとすれば、その後の求償方法についてきちんと決めておく必要があることを説明するなど、将来への何らかの展望を示していく努力は必要であろう。少なくとも、一方の責任追及をあおるような対応は避けたい。また、あらかじめ保証人に求償権を放棄させた上で相談に入るという方法も考えられる。

対立当事者が一緒に相談に訪れる場合(⑤)とは、東京のような大都市では通常ありえないが、地方では比較的生じうる問題である。このような場合、前述の弁護士倫理上の問題は、さらに大きなものとなる。しかし、この場合でも一律の相談不可ということはなく、たんに客観的な意見を聞きたいという場合と、どちらが正しいかの判断を求める場合など、話を聴く(訊く)ことが可能な場合もある。ただこうした場合、調停や仲裁の役割を担うことになり、法律相談で対処すべきかについてはなお議論のあるところであるが、ここでは話を聴く(訊く)場合の注意点として検討することとする。

まず、客観的に意見をいう場合、あくまで客観的に公平な立場に徹する必要がある。一方に有利にいうと、当然他方が反発してくるのであり、あまり断定的な発言はせず、できるだけ事例等を挙げて、ありうる可能性の説明に留めた方がよいと思われる。ある程度断定的な判断をする場合も、きちんと根拠を示して不利な判断となる相談者にも納得ゆくように十分説明する必要があることはもちろんである。

代理相談の場合は、現に相談する人の背後に真の問題を抱えた人が存在するわけであるから、現に相談にきた人に権限が与えられているのか否か、または、少なくとも相談にきていることを認識しているのかなどを必ず確認しなければならない。もちろんすでに指摘しているように、相談冒頭で代理相談であることがわかっているとは限らないので、判明したらただちに確認をすべき事項である。

２ 事例

事例としてはとくに対応が難しい事例につき検討する。

事例●１――夫婦できた不倫相談

夫婦できた相談。夫が、夫の勤務先の女性（結婚している）と肉体関係をもった。不倫相手の女性の夫から、夫に損害賠償の要求がきたがどうしたらよいかという事例（この事例は第３部第１章事例２と同一の事例であるが、解説にあわせ内容を改変している）。

●●

［相談者席には男性と女性２人が着席している。］

【弁】 では始めます。弁護士の○○と申します。よろしくお願いします。○○さんですね。ご相談というのは、具体的にはどういう中身なんでしょうか？

［解説］ ここで相談に訪れている人が複数いる以上、相談内容に入る前に、今回の相談者の確認や、両者の関係について真っ先に確

認する必要があるのに、不用意に相談内容を聞いてしまっている点が問題である。

【相】（夫）まず、私が浮気をして、相手のだんなさんに……。

【相】（妻）だんなさんじゃないでしょ！

【相】（夫）うん、あ、あの、要するに、まあ、その、奥さん、えー、結婚している女性と関係をもって、それで、まあ、相手の方がそれが発覚して、慰謝料を請求されているのです。

［解説］相談来訪者間で何らかの利害対立の存在がみえてきているので、この時点での確認は不可欠である。

【弁】金額としてはどれぐらいの金額を請求されているんですか？

【相】（夫）うん、最低5とか。

【弁】5ってのは500万ってことですか？

【相】（妻）そうなんですよ。500万なんてとんでもないですよね！

【弁】うん、なるほどね、それで、失礼ですけど、あなたはこちらとどういう関係になりますか？

【相】（夫）うちの奥さんです。

【弁】この事実については奥様は当然ご存知なわけですよね？　その相談内容としては、支払わなければならないのかどうかということですか？

【相】（妻）うん、向こうがそうやって来るんなら、こっちもしようと思ってます。

ポイント 最初にどちらが相談者であるかを明確にし、立場をはっきりさせることが重要。形式的にどの人の相談を受けるのかを、相談者らに明示することが大切である。本例ではそれを怠ってしまい、誰の相談であるかが不明確になっている。

さらに、本来付添人であるべき妻が大きく関わってきて、相談自体に混乱がみられている点でも、当初の交通整理が重要であることを示している。ただ、本例は形式的には付添い型であるが利害対立型の内容をもっており、場面ごとで対応を変化させることが必要なものである。

事例●2——父親が代理できた相談（浸水事件）

息子の購入したマンションで入居直後に浸水事故があり、家財道具のいくつかが水に濡れて損害が発生し、その損害に関してどのぐらいの賠償金が取れるかということを父親が相談してきた。ただし、息子の了解を取らずに相談してきたため、被害を受けた具体的事情や、被害品の価格など損害算定に必要な事情を相談者自身がよく知らない事例(この事例は第2部でもとり上げたが、ここでは複数の相談者への対応に絞ってみてゆく。解説内容にあわせ内容を改変している)。

●●

【弁】○○といいます、よろしくお願いいたします。

【相】ああすいません、○○と申します、いろいろお世話になります。

【弁】ええ、○○さんでよろしいですか(はいそうです、はい)、ええと今日は損害賠償の件でというふうに(ええ)聞いているんですが(はい)、具体的にどのようなお話ですかね。

【相】えっとですね、うちの息子夫婦がマンションを購入しまして3月30日に入居しまして、で入居した次の日、31日に漏水事故がありまして、で修繕工事は、現在まあ工事はだいたい終わりまして、あとは損害をどういうふうに認めていただけるか……。

> ［解説］この発言で相談内容が相談者自身のことでないことが推測される。したがってこの時点で人的関係の確認をすべきである。

【弁】どのような損害があったのですか。

【相】はい、いろいろこういうふうな自分たちで損害とかいろいろ項目とか数字出したんですけども、それで認めることと認めないことが保険会社さんのほうから出てきまして、まあ数字、金額が領収書等で明確なものは認めるような、認めないような話でよくわからんのですよ。

【弁】タオル、シーツ……これは、これは全部だめになったということですか。

【相】ええ一応そのように聞いております。クリーニング代とか、新規購入したとかです。

【弁】はっきりしないのですか。

【相】ええ、いちおうその水に浸かってもう一回、クリーニングしなおしたとか、着られないから買ったとか、そういうことなんですけども。

【弁】浸水のときの状況やこれらの品物がどこにどのように置いてあったのかわかりますか。

【相】えっとね。息子のことなのでその辺はあまり詳しくはわからんです。

【弁】えっ、息子さんから事情聞いていないの。

【相】いや、息子はおとなしいので息子には内緒で相談にきたんですわ。

ポイント 本人でなく父親がきた理由を明らかにしないで相談を進めてしまっており、そのため、当事者の真のニーズがどこにあるのかがわかりにくいだけでなく、事情自体の把握が困難になってしまっている。このケースでは代理相談であることは相談当初で明らかになっている以上、代理での相談の理由についてその時点で明らかにすべき事案であった。

事例●3――親族代表できた相談(賃借人立ち退き請求事件)

相続した土地建物の借主が勝手に別室も利用、賃料も相続直後より勝手に値下げしている。問題は遺産分割がもめたままだが交渉、解決できるかという事例(この事例は第3部第1章事例3と同じ事例であるが、解説にあわせ内容を改変している)。

●●

【弁】○○さんですね? 今日は私のほうで相続トラブルということのみわかってるんですけれども、具体的にどういうことなんですかね?

【相】はい、相続するべきものを、ちょっと、相続でもめてる最中にこの貸している側にちょっといいようにされてしまいまして、所有者っていうのが[死亡した]父のまんまなんですけれども、それをあの、相続人の代表人を決めて訴訟を起こしたいという感じなんですけど、そういうことっていうのはできるもんなんですか?

【弁】えーと、相続人の代表でっていうと具体的に代表になる方がいるとするとそのあなたご自身ということなんですね。その具体的にその、借主の側がね、起こしている問題っていうのはどういう問題なんですか？

［解説］代表相談型であることがわかり、相談者がその代表であることを確認している。

【相】契約なしに、別の一室を無断で使って、勝手にあの鍵とか変えちゃって勝手に入って使ってしまっているっていう状態なんです。しかも、勝手に賃料まで減額してきていて、それで、やっぱりこれを相続するにあたって兄弟間ともあんまり話が、すんなりいかないまま5年くらいたってしまったんです。

【弁】相続関係の問題は？

【相】やっぱりそういう誰があの、その所有するかっていう、あとその、ここで得られる、そういうアパートの賃料とかまあ利益についてどういう分配をするかっていうので。すんなりいかなかったんです。

【弁】それで、相続に関係する方っていうのは、あなた以外だれがいるんですか？

【相】ほかに、次男と長男と長女がいます。

【弁】うーん、お母様は？

【相】あの、父の死後の一年後になくなってしまったんですけど。

【弁】お母さんがご存命のときには、お父さんの方の関係については話がつかなかったということですね。お父さんのその財産というのはこの土地と建物のほかになにか？

【相】あ、農地が、畑とか田んぼとか、あったんですけど、あと実家のほうの土地、建物？ 貯金とかもありました。

【弁】それらは今、どこに、そのどう残っているかわかります？

【相】あの兄弟であの、とりあえず、話しあって分配したんですけど、現金とかは分配できたんですけど、その土地とかについてはやっぱり結局色々そういう、そこで生み出されるお金をどうするかっていうことをもめてしまったんですけど。

［解説］相談者が権限ある代表者であるか疑念が生じはじめている。

【弁】その、まずその、おそらく相続の方をね、きちっとしないといけないですね。

【相】うん、ただ、ここの問題については賃借人に出ていってもらうってことで全員の意思はあってるんですけども、結局その後の土地とか得られた利益についてどういうふうに分配するかっていうところでやっぱりまたもめてきてしまってくるんです。ですからあの争うにあたっては、そういう、あの結果はどうしたいかっていうのは同じなんですけれども、その後どうするかっていうのでまた問題が出てきてしまうと思います。

【弁】うんうん、ただ、その、だれかがこう代表でやりましたとかね、その後でこう話をつけたとしますよね？　それで、うまくいかなくて、その、むしろこちら側がね、多少損をこうむってしまったり、あるいはその他のね、ご兄弟の中ではもう少しもらえると思ってたのに、少なくなっちゃったよ、っていったような場合に、お前のせいじゃないかと、ということでお前がかぶれということで、相続のほうがうまくなくなってしまうこともありうると思うんですよ。

> ［解説］代表の権限などをはっきりさせておかないと、問題解決にならないことを指摘している。

【相】でも、あのたぶんこのケースにおいては、ずーっともめてくよりは、ここで解決した方が絶対利益になると思うんですよ。どっちかっていうと出てってもらえなくて困っているっていう考え方なんで、まあお金が入らなくなっても、それはそれなりの個人的な利用方法があると思うんで。

【弁】うーん、皆さんとしては出ていってほしいということなんですかね？

【相】そうですね。

【弁】わかりました、じゃあですね、代表という形ではなく、その、相続人間で、ここを出ていってほしいということで一致団結しているということであればですね、ひとつの方法としてはですね、その、皆さんの方、全員のね、名前で、まあ窓口は一人でいいですけど、全員の名前の形で、解決にあたるということで、その話をつけるっていうことが考えられますね。ところであなたは今回ほかの相続人との間ではどのような立場で相談にこられたのですか？

【相】いや、私としての個人的立場でここは専門家の意見を聞いておいた方がいいであろうと思ったからです。

【弁】すると、相続人の代表ということではないのですね。私はてっきり代表として相談にきていると思っていましたよ。

【相】すいません。説明不足で、だから、今日すぐに弁護士さんを頼むということはできないんですよ。

【弁】まあ、別に気にしないでください。

ポイント 代表相談型であるが、代表の母体が必ずしも利害が一致していない点で、相談者がどこまでの権限が与えられているのかを確認しなければならないケースである。本件では弁護士は一応確認しているが、もう少し早く確認していれば、相談者の真のニーズを把握しやすく、効率的で的確な相談ができたであろう事案である。

❸ まとめ——相談者が複数の場合

本章の冒頭で整理したように、相談者が複数の場合には種々のパターンがありうる。それらに対しては、パターン別の対応が理論上考えられるが、実践場面では複合型が多いであろう。

したがって、基本型の習得が前提ではあるものの、相談の進行過程でもパターンは変化するので、固定的な対応は禁物である。ただ、なるべく早い段階で状況の確認をすることを心がけることは重要である。

（溝呂木雄浩）

第4章 自分のよくわからない問題が出てきたとき

1 解 説

1 はじめに

弁護士登録をして、誰しもまもなく法律相談を受けることになるが、一人で相談を受けるかぎり、すぐに判断・処理がわからなかったり、判断に不安が生じる相談に遭遇する。事務所相談なら先輩弁護士に訊いて乗り切ることができるが、法律相談センターや市役所などの外部相談では、ほかの弁護士に相談のしようもない。しかし、何年弁護士として経験を経ても、知らない法律問題に遭遇するのも確かであり、ベテラン弁護士も法律相談に臨むにあたって、まったく不安がないわけではない。本章では、わからない問題に遭遇した際の対応方法について考える。

2 対応方法の大枠

そもそも、なぜわからないのか、わからない理由をつきとめる。これが最初である。

わからなければ継続相談にするのが慎重なやり方であるが、何でもすぐに継続相談にしてしまわず、その前に何がなぜわからないのかをつきとめる努力をすべきである。弁護士が法律相談を受けて、よくわからなくなっている理由には、いくつかのパターンがある。

第１に、新人弁護士にありがちではあるが、知らないことを訊かれ、パニックに陥り、適正な判断ができなくなっていることがある。相談者が詳しく法律の勉強をしていて、弁護士に詰め寄ってきたが、弁護士は知らなかったという場面でも混乱が生じうる(一時的思考混乱)。

第２に、業界特有の専門用語などがでてきて一見してはわからなくなり、そのため本来判断の基礎となる法的知識をもっているのにもかかわらず、聴き取るべき要件事実が聴き取れず、わからなくなっている場合(事実の聴き取り不足)。

第３に、本当に知識がない場合(たとえば、見たことはないが、法的意味をもちそうな文言、条項の記載してある書面を提示されたとき)。

第４に、訊かれている内容が法律相談の中でも専門分野であり、大枠は答えられても、法的知識の補充が明らかに必要な場合。

わからない理由によって対処のしかたは異なってくる。

3 弁護士側の一時的な思考混乱が原因の場合

落ち着くことが当たり前の対策ではあるが、実際にはどのようにしたらよいか。とくに、まだ法律相談を一人で受けていない、法科大学院の学生や司法修習生、登録直後の弁護士の読者は、弁護士が相談者から自分の知らないことを訊かれたときには、頭が真っ白になることがあることを、わかっていただきたい。自分を法律の専門家と思って相談にきている相談者に対して、「わかりません」と答えることが、新人弁護士の場合、専門家と見られているのだから何でも知っていないといけないはずなのにという恥ずかしさもあってなかなか言えず、事情の聴き取りもあまりせずに、その場で思いついた結論をわかったふりをして答えてしまうことがありがちである。

このような混乱状態に陥ったときの対処法としては、まず何よりも、よく話を聴くことである。もちろん、当座落ち着く方法として、世間話をしながら考えるというやり方もあるが、訊かれた問いについての話だけでなく、相談者の相談動機や紛争の背景など、周辺事項について幅広く聴き取りをすべきである。本当の意味で相談者が何を求めているのかを把握できれば、直接相談者から訊かれていることとは別の論点での解決策が見つかることがあるのも確かである。相談者が提示する枠組みにこだわることなく、紛争についていろいろな角度から聴くことが大事である。

4 知らない分野の専門用語で混乱する場合

専門用語が出てきて混乱して、回答できるものもできなくなっている場合(聴き取り不足)の対応について考える。業界用語などの専門用語が出てきたためわからなくなり、十分な回答ができなくなることがある。専門用語といっても、実態を聴き取ることができれば、そこから既存の法律の枠組みによる判断が可能なことが多い。遠慮せずにその中身を訊くべきである。原理原則論からきちんと考えれば回答できることもある。未知の専門分野の話と言葉に惑わされて、一見その専門分野の固有の相談の話にみえても、よく事実を聴き取れば、既存の知識で十分に回答できる問題もある。この場合も惑わされず、よく事実を聴く(訊く)ことが大事である。新人弁護士であっても法律家である以上、規範の部分はわかっているのであるから、要件事実をよく聴き取るべきである。

5 知識不足の場合

よくよく聴いてみても本当に知識がない場合(「知識不足」)の対応はどうであろうか。医療過誤のような、専門分野の相談でなくても、明らかに法律的な意味のありそうな文言、条項の入った文書が相談の場にあるような場合には、わかったふりをせず、わからない点を具体的にピックアップして、継続相談にして調査の上回答すべき場合である。この場合でも、相談者には継続相談にせざるをえない理由を告げるべきである。相談者は、その日に解決できると思って訪れているのであるから、きちんとわからない点と調査の必要な理由を告げ、どのくらい調査に時間がかかるか、継続相談の相談料徴収の有無、額を告げる、ないしは、相談して、電話なり、面談なりで回答すべきである。継続相談の費用も含めて告知すべきである。

6 知識の補充が必要な場合

最後に専門分野の相談であり、明らかに知識の補充が必要な場合の対応について考えてみる。先物取引被害や医療過誤、特許訴訟、行政訴訟、税務訴訟、海事、渉外取引など、自分の得意としない専門分野の相談がきてしまうことがある。弁護士会の専門相談を把握しておいて紹介する、その分野に詳しいほかの弁護士に紹介するということも可能である。5項との大きな違いは、事実はわかっても規範が明らかにわからない場合である。あらかじめ勉強していれば答えられるが、もともと行き届いた勉強をあらかじめしておきにくい分野であるのは確かである。多少勉強してあっても、もう一度最新の情報について調査しなおしてもよい分野でもある。一般論で押し切ってはもっと危険な分野である。自分で処理する場合、きちんと研究、調査した上で回答する必要がある。医者の場合、専門的な診療が必要な場合、大病院への紹介状を書くのが通常である。もし調査しても、または調査するまでもなく自分の手に負えない事件と判断した際には、詳しい弁護士を紹介するのも大事な視点である。その場合どこに相談に行ってもらえばよいかを日ごろから調査してきちんと把握しておき、他の専門家のもとへ相談者がたどりつけるように道筋をつけるのが専門家としての誠実な態度といえる。

② 事 例

事例●1――はじめて見る法的書類に遭遇した事例

相談の際に、見たことがない法律文書が出てくることがある。経験が少ないうちは、必ず遭遇するものである。契約書の文言、条項一つとっても扱った経験がないものに出会うこともある。そのような場合の対応をみてみる。

以下の事例は、不動産を相続する者が単独で、相続による所有権移転登記申請をする際に添付する必要文書として、「相続放棄申述受理証明書」や「遺産分割協議書」に代えて提出可能な「相続分不存在証明書」(「特別受益証明書」ともいう。不動産を相続しない相続人の実印の押印・印鑑登録証明書の添付が必要である)の評価、意味を相談担当弁護士が知らなかったというものである。

［注］「相続分不存在証明書」とは遺産分割による所有権移転登記申請より登録免許税が安くなり、また他の相続人による家庭裁判所への

相続放棄申述の手続という時間や手間を経ないですますことができるため、司法書士がよく使用している文書である。

●●

【相】 兄が説明とか何もなく、相続分不存在証明書って書いてあるこういう書面を送ってきてこれに印鑑をくれって送ってきたんですよ。亡くなった父のマンションの名義を兄に書き換えるのに必要だというんですが。でも、この書面には「贈与を既に受けており」って書いてあるんですけど、私は贈与ってのは全然受けてないんですよ。贈与を受けてないのにね、こう贈与を受けてるっていうのに署名してもいいのか、ちょっと納得いかなかったので、ご相談したいなと思ったんですけど。

【弁】 畑とか株をもらうであるとか、何ももらってないわけですよね？

【相】 ええ、もらってません。

【弁】 それで、このマンションは欲しいのですか。

【相】 いえ、私はね、マンションなど欲しくない。財産を放棄する手続とはじめ思ったんですよ。だから財産は放棄するっていう書類に、署名をしたかったんですけどね。

【弁】 あ、じゃ相続を受けなくてもいいというふうにお考えですか。お父さんが亡くなってどのくらい経ってますか。

【相】 もう半年経ってます。

【弁】 すると放棄といっても、家庭裁判所での相続放棄の手続はもうできないことになりますね。

【相】 そうですか。だけどこういうものがきましたのでね。これだとちょっとここが納得できなかったんですよね、だから。

【弁】 ちょっとお待ちください。

[調査中]（弁護士の心理状態……法的な意味がありそうだけど、はじめて見た書面で、どう対処してよいかわからず、頭が真っ白になり、パニック状態。）

【弁】 まあ、この書面を書いてもらいたいと言っていた趣旨は、あなたが財産をもらったので、これ以上は受け取りませんという趣旨の証明書なんですよ。ですからこれを書いたら、財産は受け取れなくなるということになるかとは思いますが。

【相】ええ、それはいいんですけども、私にしてみれば、もらってないけれど、あのマンションはいらないと、放棄しますよと言いたかった。ただし、私は父から何ももらってないから、それを兄に質《ただ》したら、詳しい話はしないんです。

【弁】この紙にハンコを押さないで、放棄しますとかいう書面をあげるだけではだめなんですか。

【相】うん、それだと兄が言うには、色々面倒になるみたいなんですよね。なんかこれでもういいって言うんですけど、何も説明もなくて、ただこれに印鑑押してくれって言われたのでね。納得ができなかったんですよ。だからそこのところをお聞きしたかったんですよね、この書面にハンコをついて出せば、なんというか相続放棄みたいなのが済んじゃうし、私がいろいろ関わるのも面倒ということなんですよ。

【弁】たとえば、この贈与を受けたというところを削ってもらうのはどうですか。「被相続人の死亡による相続については、(えー)相続分は存在しないことを証明します」と。

【相】だけどそんなことすると、なんかまたややっこしくなるんじゃ……。

【弁】いやそんなことはないですよ。

> ［解説］知らない不確実なことを前提に、結論を押しつけてしまっている。

【相】兄はね、すでに受けてるっていうのは、法律でよく使われる言葉だって言ってたんですよ。

【弁】いや受けてないものを受けたって書くことはない。だって受けてないことをねえ、証明することはできないじゃないですか。別に向こうがそれでね、これを削らないってなったらハンコを押さないと言えばいいんですよ。では、よろしいですか？

【相】はい。ありがとうございました。

ポイント 相談担当弁護士は、「相続分不存在証明書」の登記申請上の意味がわからなかったため、またほかの方法(「遺産分割協議書」など)を知らないため、心理的にあせってしまっている。新人であることもあり、自信のなさのあまりあせって相手の話を遮《さえぎ》り、なんとなく理解できる方向へ無理矢理もってゆき、結論を押しつけてしまう。それでは相談者の不安は解決しない。今回は、継続相談にした上で、念のため「相続分不存在証明書」の意義を調査し、回答すべき事案であったといえる。

知らない問題を相談されたときは、頭の中が真っ白になりがちである。本件の弁護士も、調査しながらパニックになっていた。相続の一般論を述べるなどしながら、混乱した頭の中を整理して筋道を立てなおそうとするのも、また脱線して世間話をしながら、筋道を立てなおしていくのも一つの手ではある。落ち着いて思いついた結論を教えて乗りきるのも一つだが、可能な選択肢を考え、それぞれの選択肢のメリット・デメリットを教示し、選択させるのが法律相談の理想である。

自信がないときは、ついつい自分の知らない領域に話をもってゆく相談者の話を遮ってしまいがちである。先に相談者に話をさせて、わからないところを中断して訊いていくというような聴き取り方をしないと、相談者の話す気、相談する気が削《そ》がれてしまう。本件では、相談者は、遺産を相続する気はなく、相続放棄はしたいが期間は過ぎていて、かといって、楽だからといって、贈与を受けていないのに受けたかのような書面に実印を押すのをためらっているように見うけられるが、ただ文言を削るという方に無理矢理もってゆこうとすると、その気持ちの部分は汲み取れなくなってしまう。相談者は、「相続分不存在証明書」に不利益がないなら判子をつきたい気もちもあったと思われる。やはり、聴き取りをしても知識がなくてわからない事案と判断して、継続相談にしてでも調査して回答すべき相談であったといえる。わからないものはわからないので調査したいと勇気をもっていえるのも、専門家としての誠実な態度である。

事例●2——事実の聴き取り不足の例

本事例は、相談者は大工で、住宅の建築について、100万円の手間請けということで、元請けのAから仕事をもらったが、業者のあらかじめ切って持ってきた材料(プレカット)をもとに、「図面」と称する書面どおりに住宅を建築したら、別にAから渡され読んでいなかった「マニュアル」と称する書面の指示とは異なっていて、現場にまったく来なかったAの現場監督から、建てた後に全部自費での仕事のやりなおしを命じられて、現場が中断して手間賃をもらえないでいる事例である(あらかじめ切って用意された材料によって建てると、図面どおりにはなるが、マニュアルと称する書面には従うことは不可能で、現場監督が来なかったため指示・チェックをあおぐ機会がなかったとのことである)。

建築業界の仕事の受注形態である「手間請け」の法的意味をはじめとして、建築に関連する書面や現場監督の任務などにつき相談担当弁護士はあまり明るくなかったため、法律以前の一般的な交渉の助言しかできなかったケースである。

●●

【相】我々業界でいう工事の手間請負ということで住宅を1軒100万で、手間だけで100万で完成してくださいということで依頼されたんです。だけども我々は、15日の締めで15日までは働いたんです。だから、働いた分ての は手間賃もらえると。請負という感覚なんですよ。どこまで正式に業者との契約が存在するものなのかわからなくて。

【弁】話だけ聞いてると、やはり法律的な請負契約っていうのが成立してると思うんです。Aが仕事を依頼して、こういう仕事をしてほしいと言われて、あなたがその仕事をすることで、報酬をいただくという形だと思うんですね。そうなると、ちゃんとAの望んだ仕事をしたのかが問題になってくるんだけれども。

> [解説] 担当弁護士は、「手間請け」「請負」という相談者の語感から、本件の仕事の性質を、請負契約と即断してしまっている。材料も与えられていて、仕事完成ともいいにくそうな点で、雇用契約とみることもできないか、その区別の判断をするための、本件の仕事の実態まで聴き取ることを怠って進んでしまっている。

【弁】それで、あなたとしては作りなおしにしても、全部向こうの費用を出し、その分追加の費用を出してほしい、っていうところがあるのかしら？ ただ、話だけ聞いてると、その一、100パーセント望みどおりには確かにはいかないと思う。だけれども、おっしゃるとおり完全にこちらが全部負担で、やらなきゃいけないのかっていうと、そこまでするのかな、あのー、100パーセントこっちの費用負担もちでやらなきゃいけないとは思わないので、やはり、会社側と交渉してね、直すにしてもちょっとは費用負担してよと、言うことはできると思うんですよね。

【相】 はい、交渉は、まあ、できると思います。

【弁】 だからまあそのへんの話しあいになってくるんだと思うんですよね。現場監督なんだから現場を普通見てるでしょと。それをいなかったのはどうしてなのよってことで、こちらとしては向こうにちょっと費用を少し負担してもらってというふうに言える材料にはなるのかなって気がします。だからもし交渉するのであれば、こっちとしても現場監督がいなかったから、こっちの判断でやるしかなかったんだと、で、図面と称する書面どおりに作ったんだから何の問題があるんだというような所をプラスの材料として、うん、言うしかないよね。ただ、向こうは向こうなりの反論が色々あるだろうから、その反論を聞いてまた対応しなきゃいけないと思いますけどね。よろしいですか？

【相】 うん、はい、わかりました。

|［**解説**］交渉術を教えることに終始して終了してしまった。

ポイント 建築業界の用語や書類の意味などは、弁護士にとってわからないことが多い。知らない用語がでてきたときは素直に訊くことが必要である。問題が、建築士などの専門判断領域になってくるのかどうかの区別だけはつくようにしておくべきだが、聴いていてわからない点は遠慮なく訊くべきである。

今回の事例の場合、本件で「手間請け」という契約の法的枠組みをまずはっきりとさせておくべきであった。手間請けで100万円でというが、雇用契約の賃金なのか、請負契約の代金なのか。その区別のために何を訊けばよいのか(拘束の度合い、仕事の完成が本質なのか、材料の手配の必要など)。共感して、一般的な交渉術を教えるだけで終わりにするのでなく、訊いておくべき適切な情報(要件事実)は引き出して、法的枠組み(原則論)に乗せる必要がある。そこができていれば、現場監督の善管注意義務の話以前に、元請け側の過失、その相殺といった法的枠組みに乗った上での突っこんだ話になっていきえたはずである。本事例では、手間請けという業界用語に惑わされてしまったため、訊いておくべき要件事実を十分に聴き取れず、法的観点からの助言が不十分となってしまっている。

住宅建築などの話を聴く場合には、知らない名前の書面や用語が出てくることはふつうにあり、訊けるかぎりでその現場での意味や現場の慣習などをきちんと一つ一つ訊いていくことが大切である(事例では割愛したが、その意味で、「プレカット」や「図面」「マニュアル」と称する書面の現場での意味、処理の慣習は本件ではきちんと聴き取っておく必要がある)。

聞き慣れない言葉が出てきたときは、その語感に流されず、その実態について詳細に聴き取ることが大事である。そして聴き取った十分な要件事実をもとに、法的枠組みに十分に乗った助言を相談者にしていくことが肝要である。

事例●3――専門分野相談の例(先物取引被害)

商品先物取引の被害事例は、業界特有の用語が頻出し、相場がからむことから、消費者相談の中でも事案の理解が困難なため、一般の弁護士が敬遠しがちな領域の相談である。専門相談に属するといってもよい。本事例では、商品先物取引の被害事例をあまり知らない相談担当弁護士が、相談を受けることになった事例である。結局膨大な資料をもとに図表を作成していく作業が必要となるので、その場で勝てる事案なのかどうか、判断はできない性質の相談であり、即答を避けた事例である。

事案としては、先物取引の経験がない高校卒業の中年の専業主婦で、家にきたパンフレットを見て電話をかけたら、勧誘を強く受けたため取引を始め、相場は時間があるので追ってはいたが、相場の変動要因もよくわからず、会社の担当者に言われるがままに、両建てをしたり、過大な枚数の取引をしたり、新しい商品に手を出したりして、600 万円の損失(家計に響かない投資できる余裕資産すべて)を被って取引が終了した事例である(第3部第2章事例1と同じ事例であるが、解説に合わせ内容を改変している)。

●●

【相】[上記の状況を話して、弁護士も専門用語も聴き取りながら少し理解して後]それで、これはお金を返してといえるものなのでしょうか。

【弁】お話を聞いていると、いろいろな場面で、何か陥れようとしているような形跡がみられますね。詐欺といえれば、不法行為に基づいて損害賠償請求ができるということになりますが、持ってきていただいた書類を見ますと、「説明を受けた」やら、「異議無く受領した」などという書面にいっぱいハンコをついていることもあって、なかなかすぐ判断はつきかねるところはありますね。

【相】私は、業者の事務手続はまちがってない気がするのですが、この場で先生が見た感覚では返ってくるという感じがしますかね。

【弁】事務手続も一見書類は整ってますが、それを鵜《う》呑《の》みにしていいか問題がありますし、先物取引の事件処理の分野は、資料をもとにきちんと分析をしないと本当にひどい取引なのか判断が難しいといわれていますし、裁判例もたくさんあると聞いていますので、一度やっぱり資料を持ち帰って分析して、裁判例を調査した上で、もう一度相談ということになるのですが。今聞いた範囲だけでは、この場で即答することは難しいです。

【相】先生は、先物取引の事件処理は経験されたことはあるんでしょうか。

【弁】正直いえば、ありません。ただ、被害の話を間接的に聞いたことはありますし、事件処理の文献や裁判例を調査することは十分可能ですので、一度調査させていただけますでしょうか。その上で、もし自分の手に余るような類型の事件とわかりましたら、事件処理に通じた専門の先生を捜して、なんとかつなげる努力をしようと思います。

【相】調査にどのくらい時間がかかりますでしょうか。

【弁】資料を分析してグラフを作成するなど時間もかかりますので、最低1ヶ月はいただけますでしょうか。

【相】去年の取引を終えたのですが、時効とかいうことにはなりませんでしょうか。

【弁】不法行為ということになれば、3年間は大丈夫ですので、まだ時間の余裕はあります。あと相談費用のことなのですが、次回の相談も30分○○円かかりますが、よろしいでしょうか。継続相談となった場合、次回は相談料をいただかないこともあるのですが、先物取引の場合、調査に手間がかかりますので、相談料をいただいてもよろしいでしょうか。

［解説］調査事件として受けて、一定の額を請求することもありうる。その場合も相談者への費用の説明と相談者の納得が必要である。

【相】構いませんよ。

【弁】では、お持ちいただいた資料一式お預かりさせていただきます。もし足りない資料がありましたら、またお聞きします。次回の相談については、約1ヶ月後に調査終了後、こちらからご連絡して日程の調整をしたいと思います。

【相】ご連絡お待ちしてます。ありがとうございました。

ポイント 先物取引において、業者から渡された各個別の書類をどうみるか、どのくらいの時間がかかるかはある程度知らないとわからない。「全て真正なものとして異議を述べません」「きちんと説明を受けました」として書面に印を押させられているので、はじめて見る弁護士としては弱気になりがちである。しかし、先物被害の処理は、すでに先人たちの手で処理が定型化されてきている。その処理を相談後に身につけるのは可能だが、はじめての相談の際にはそうもいかない。一般的な消費者被害の事例として、最低限、詐欺などの不法行為の枠組みに乗せて聴き取りをすることが必要であるが、取引用語がなかなか理解できず、結局継続相談となるのが通常であろう。

ここで大事なのは、継続相談にせざるをえない場合の相談の終わり方である。どうしても法的問題についての調査が必要となり、その場では判断できないという場合でも、いきなりこれはここでは判断が無理なので、次回はいつにしましょうかというのでは、せっかく問題が解決すると思って来所した相談者が困惑することがある。継続相談にせざるをえないとしても、どの法律問題につきどのような調査が必要なので、どのくらいの時間をいただきたいので、継続相談にさせていただきたい、ときちんと話した上で同意をえて、継続相談にするのが理想である。その際には、継続相談の際の相談料支払の要不要、料金体系もきちんと事前に述べておくべきである。

ただ、そもそも先物取引の事件処理について、詳しい資料を入手できず、また消費者相談そのものに意欲をもてない場合には、所属弁護士会に消費者相談などの専門相談窓口があればそちらをきちんと紹介し、消費者委員会所属の先物取引の事件処理に通じている弁護士を紹介することになる。くれぐれも相談者を放置しないことが大切である。

❸ まとめ――自分のよくわからない問題が出てきたとき

世の中のすべての法律問題を事前に勉強しておくことは不可能である。離婚や賃貸借、請負代金請求などの典型問題を一つとってみても、勉強しきれていない領域というのがどの弁護士でも必ず存在している。

どんなに経験を積んでベテランになっても法改正や判例変更などがあり、つねに新しい問題をフォローしておかないと相談過誤が生じることは避けられない。そのための自己研鑽は専門家として一生続けていくべきことではある。

本章では、そうした自己研鑽はともかく、相談の時点で知らない問題に当たった際の当座の対応方法について、事例を通じて検討してきた。なぜわからないのかの原因を現場で相談者から聴き取りながら突き止めていく作業を通じて、混乱した頭に落ち着きを取り戻しつつ、本当にわからないのか、事実を詳細に聴き取り、それでもわからなければ、継続相談にするか、ほかの弁護士・専門家を紹介するか判断していくことになる。ベテラン弁護士は自然にしていることではあるが、とくに登録してからあまり経験を積んでいない弁護士は、相談過誤に陥らないよう、きちんとプロセスを踏んで、適正な回答ができるような対応を心懸けたいものである。

（有坂秀樹）

第5章 書面の扱いが難しい場合

1 解説

1 はじめに

法律相談では相談者が何らかの書面を持参するのが普通である。そこで本章では、弁護士が持参された書面をどのように扱うと効果的に相談に生かせるかを検討する。なお、ここでは弁護士会法律相談や市民法律相談などで最も多い、相談時間が1件30分程度の場合を念頭においている。

相談者が持参する書面を相談の場面における機能面から分類すると、相談対象としての書面(対象書面)、相談手段としての書面(説明書面)、および両者の中間型に分類できる。

① 相談対象としての書面——対象書面

その書面自体が相談の対象となるものをいう。契約の効力・内容の解釈に関する相談の場合の契約書類、相手の要求への対応を相談する場合の相手方からの内容証明・訴状、相手に送ろうとしている手紙の妥当性を相談する場合のその手紙などである。さらに、自治体の条例や指導要綱、自治会やマンションの規約の解釈が問題となる相談の場合には、これらの書面自体も相談対象としての書面である。

このような書面がある場合には、的確な相談のためにその書面を持参してもらう必要がある。また、このような書面はその形式や書き方の巧拙に関係なく相談にとって必要である。持参された対象書面には目を通すことが必須である。

② 相談手段としての書面——説明書面

相談内容をわかりやすくするための補助的な手段としての書面をいう。相談内容についての経過説明書などがこれにあたる。

このような書面については、口頭での相談を補う手段としての「わかりやすさ、読みやすさ、効率性」(説明の的確性・巧拙)を判断した上で、相談に利用すべきである。

たとえば、要不要の別なくえんえんと脈絡を考えずに事実を書きつらねた経過説明書にいつまでも関わっているのは、時間の無駄であり、肝心の事実関係も不明瞭になってしまう。しかし、逆に、相談者が適切な事実関係を時系列でまとめた経過説明書を作成してきた場合には、事実関係の把握に十分に活用できる。

③ 両者の中間型

相続における家系図(相続関係図)、境界事件における図面などがこれにあたる。人間関係や土地関係を擬似的に再現している意味では対象書面に近いが、事案の内容を説明している面もあり、その意味では説明書面ともいえる。後者の側面から、説明の的確性・巧拙を判断した上で相談に利用すべきである。

❷ 書面を利用する場合のポイント

① 資料の持参指示

相談を受け付ける段階で「もし資料をもってくるなら、相談時間が限られているので、重要な書類(対象書面)と簡単なものにしてほしい」程度のことはいっておいたほうが効率的である。

② 資料の提示を、いつ、どう求めるか

相談の概略が理解できた比較的早い段階で、相談者がどのような資料を持

参してきたのかを確認する。その上で、相談のポイントに応じて適宜資料の提示を求めてゆくとよい。

③ 大部な資料が持ちこまれた場合の扱い

敗訴事件での上訴の可否を相談される場合に、訴訟の一件記録が持ちこまれる、という場合が典型である。法律相談として受けるのであれば、時間的制約から、大部な資料そのものを全部は読めない。事件のポイントを聴取し、概略的、抽象的な意見を述べる形での回答をすることになる。

④ 説明書面への対応

あくまで説明の手段としての書面であるから、「わかりやすさ、読みやすさ、効率性」の観点から工夫して利用する。

相談者に重要なページや箇所を示してもらったり、まず相談者の話を聞き、その話に関係する資料を指示してもらったりする。

相談時間を考慮せず長々と書かれた書面、不必要・無駄な記載、相談者のいいたいことばかり書くなどのかたよった記載がなされている書面、字が乱雑で判読困難だったり、文章の体《てい》をなしていない書面などについては、読むことを断念せざるをえない。

③ 事 例

事例●1──たくさんの種類の書面が出てきた事例

相談者は不動産会社から分譲宅地を買う交渉をし、現地を見た上で不動産購入申込書に署名し、申込金10万円を支払った。相談者は示された宅地が狭くて不満だったので、不動産会社は相談者の希望に添う面積に宅地を区画することを約束した。その後、不動産会社は当該宅地を相談者の希望の面積に区画して測量し、分筆登記も終えた。ところが、相談者が義父に相談したところ、宅地の形状が不自然であるなどの理由で強く反対された。そこで相談者は不動産会社に対して、契約しない意向を伝達したが、不動産会社から違約金300万円の支払いを請求された。なお、相談者は、次の書面を持参してきた。

① ご通知(売り主の代理人弁護士からきた内容証明郵便)
② 不動産購入申込書(代金1700万円、申込金10万円)
③ 預り証(申込金10万円)
④ 交渉経緯(3枚。相談者作成)
⑤ 測量図
⑥ 測量図(11月17日付)
⑦ 土地の図面
⑧ 土地売買契約書用紙
⑨ 重要事項説明書用紙(2枚)

●●

【弁】 [①「ご通知」と②「不動産購入申込書」を読みおえてから]今日は、なんかあのー、宅地の購入の件と(ええ)お伺いしてるんですけれども。

【相】 そうですね、家を建てようと思って土地をですね、購入しようとしてですね(ええ)、不動産屋さんとですね、えー、探してたんですけど、まあ、ほぼ契約の直前でちょっとこちらの事情で、キャンセルをしなきゃいけないような状況になりまして(ええ、ええ)、えー、で、申し入れたんです。ちょっとそのー、うーん、まあキャンセルができないというような(ええ)お話とですね、あとまあ、それでもキャンセルするんであればそういう違約金を払って(ええ)ほしいと(ええ)、いう話がありまして、でー、まあ、そういう我々的にはそのー、契約書まで書いてないもんですから(ええ)、契約が成立してないという意識でおるんですが、まあ向こうさんは(ええ)、あの契約してるといってるもんで、どうなんかなと。

【弁】 それを払わなきゃいけないかっていうことですね。

【相】 そうですね。

[解説] 対象書面(本件では①「ご通知」、②「不動産購入申込書」、③「預り証」、⑤⑥「測量図」)はまず全部読まないと相談にならな

い。読むときには、黙読していても、一生懸命読んでくれているという信頼感を与えるので通常は大丈夫である。ただ、沈黙によって相談者が不安になってしまうようであれば「まず拝見します」という説明があったほうがよい。

【弁】あの、その契約はどの程度まで話が進んでたんですか？

【相】ええともう、まず土地をですね(ええ)、えー、探していただきまして(ええ)、でー、私どもが希望の土地のまあ面積を50坪に切ってもらうということで、切ってもらったとこなんですかね。

【弁】[⑦「土地の図面」を見ながら]あのー、角地がもう更地がこうあって(ええ)、そこをあの、まあこういうふうに境界線を動かして決められた分譲じゃなくって、自分で頼んで切ってもらって(ええ)、やってもらったということですか。

【相】えーと、そうですね、まず頂いたのはこういうやつだったんですよ[⑦「土地の図面」を指しながら]、こういう土地があるんで、こういうふうに切りますけれども(ええ)ということで、だいたいこう枠が決まってまして(ええ)、でー、面積についてはまだ、その自由にといいますか、ある程度融通ききますよということで(あ)、でちょっと我々は広げてこういう風に広げていただいた(ああ)、あー、ところがあるんですが。

【弁】最初のその分譲区画よりもちょっと広げて。

【相】まあ、切りましょうということ(ええ)になって(ええ)、で、じゃあ、あのー、まあ購入しましょうかというところで、まあ契約しましょうかと(うん)、すいません、えー、ところまで話が進んでたんですが。

【弁】[③「預り証」を黙読してから] 10万円の申込金っていうものも払ってる？

【相】はい。

【弁】[⑤⑥「測量図」を黙読してから]測量もしてもらってるわけですね。

【相】測量はその時点でしてないんですよ。申込金を申し込んだ際に、まだ、あのこういうラフな図面[測量前の⑦「土地の図面」]しかなかったです。で、それからしばらくして、図面[⑤⑥「測量図」]が、まあ出てきて、じゃあ契約しましょうかという段階でちょっと、我々もキャンセルをですね。

[**解説**] 沈黙して読んでいる弁護士を見て信頼感をもつか、それとも不安になるかは相談者による。黙って待っている人もいれば、しゃべりかけてくる人もいる。読みはじめた時に「どういう目でこちらを見ているか」をちらっと見て判断するようにする。

【弁】 [④「交渉経緯」(3枚、相談者作成)を確認しながら]キャンセルを申しでた段階ではじつは分筆登記も済んでいたわけですね。

【相】 はい。そういうことになっていたみたいです。

[**解説**] 的確に作成された説明書面・中間型、たとえば相談者が作成してきた時系列の経過説明書(本件では ④「交渉経緯」)は、事実を把握するのにどのように利用するかがポイントになる。弁護士が無言で読む状態を続けるのではなく、④「交渉経緯」について「こういうことだったのですね」と確認していくという形で会話しながら読んでいる。相談者の知識を活用できて事実の把握に便利であるし、相談者も話を聴いてもらっているという満足感を得やすい。

【弁】 キャンセルをですね、なさった理由っていうのはどういう理由でキャンセルされたんですか？

【相】 家内の父親がですね、えー、ちょっとまあ、うー、ちょっと資金的な援助を受ける予定があったんですが(ええ)、どうもその土地が菱形のところが気に入らないといいだしまして、えー、で、ちょっと大工やってるもんですから家自体はその父親が建てることになってまして、ちょっともう、説得できなくなりまして。

【弁】 [⑧「土地売買契約書用紙」、⑨「重要事項説明書用紙」を見ながら]こういうものにはまだ署名捺印はしていないということですね。

ポイント たくさんの書面が持参された場合には、相談者との信頼関係を傷つけないように注意すべきである。

売買の話がどこまで進んでいたか、相談者が申し込みしてから相手はどのような手間をかけたのか、その手間の性質がキャンセルしても取り返せるものなのかどうか。これらの事実関係を、相談者が持参した書面を利用して説明してもらいながら確認してゆく必要があろう。

事例●2――内容が整理されていない長い書面が出てきた事例

相談者は、境界トラブルについてたくさんの書面を持参して来た。しかしその中にある「事実経過を相談者がまとめたもの」の内容が整理されていないので、相談中に読んでも事実を把握することが困難である。

●●

【弁】いただいた相談票では、あの土地の境界という形で、相談の趣旨が(はい)書かれていますが(はいそうです)、どういったことでしょうか。

【相】はい、えー、書いてきたものが……。

【弁】はい、それがあれば、あーその方が。

【相】あーそうですか。

【弁】まあ境界の問題ですので(はい)、ある程度地図的なものもあるとわかりやすいと思うんですが……。

【相】[重なって]そうでございますね、はい。こういうものでですね……。

【弁】ちょっと、拝見いたします。えーと……、長いですね……。

[書面を読み上げている。内心では「何でこんなにいっぱいどうでもいいことまで書いてきたんだろう」と困惑している。]

> [解説] 不出来な書面であることが相談中にわかったので、その書面の活用はあきらめて、以下では相談者から必要な事実関係を聞きだすようにしている。

【弁】あのー、簡単にちょっと、概略的に説明いただけますか?

【相】はい、……ええとですね(はい)、えー……。

[図面を見ながら沈黙している。]

【弁】まずあの、誰の土地と、誰の土地の(はい)、問題なのか。

【相】 はい、あのーですね(はい)、えー、まあ、こういう、カーブの道があります(はい)。そして、このカーブの道をですね(はい)、えー、こういうふうに、まあ、ここ通路があるんですね(はい)、通路でうちの門がここに、私の門がここにあります(はいはい)。それでこういうふうにして、外へ(はい)こういうふうに出るんですけどね(はい)、これ実際行きますとですね、えー、……。

【弁】 こっちから先が、あのー、あなたの(ええ)、家ということですか？

【相】 ええ、こちらはですね(はい)、あのー、H［人名］のですね(はいはい)、あの、自宅でして(はい)、でこちらが寺の、……。

【弁】 あ、お寺さんなんですか(はい)。はい。

ポイント 相談者が作ってきた書面は必ず読むのが原則である。一瞥《べつ》もしないで突っ返したら、それだけで信頼感が失われてしまう。ただ、相談手段としての書面(説明書面)の場合には、説明の的確性や巧拙を評価して利用すべきである。この事例は説明書面のできが悪いケースである。このような場合にその書面に拘泥しすぎることは時間の無駄であり、かえって事実関係がわかりにくくなる。あまりに長すぎるとか、中身が整理されていない書面の場合には、読むだけは読もうという形をとった上で、その書面から離れた相談にする。

❸ まとめ——書面の扱いが難しい場合

法律相談では事実関係の把握が最も重要である。そのために、契約書などの対象書面が持参された場合にはよく目を通す必要がある。また、経過説明書などの説明書面が持参された場合には、その書面の出来が良ければ大いに活用すべきであるが、逆にできが悪ければいつまでもその書面に拘らずに口頭で事実関係を聴取する方が良い。

（森脇志郎）

第6章 法的対応が難しい場合

1 解説

1 はじめに

相談者が過剰な、あるいは不当・違法な要求を携えて相談にきた場合に、弁護士が相談者の要求を単純に否定すると、相談者は納得することができずに法律相談のハシゴをするなどの事態に陥りかねない。このような場合にも、一旦は相談者の主張を受容した上で、当該要求の過剰性、不当性・違法性を相談者に理解させて納得してもらうなどの工夫が必要になる。

なお、相談者の性格にかたよりがあり、現実から遊離した強い思いこみをもっている場合の対処にも工夫がいる。

① 相談者が過剰な請求を主張する場合

相談者の要求が過剰請求である場合には、相談者の心配はもっともであるなどと共感して相談者の意向を一概には否定せず、ただ、例えば本章の例のように医師の診断がないこと、あるいは請求自体が判例に反することなど客観的な根拠にもとづいて、相談者の考えている請求が認められないことを納得してもらうようにする。

② 相談者の予想される行動から慎重に回答すべき場合

弁護士が同じ回答をした場合でも、相談者によって受けとめ方が違うことがある。このようなおそれがある場合には、弁護士は自分の回答を聞いて相談者がどのような行為を行うかをある程度予想した上で回答する必要がある。

また、その日の相談の流れを加味すると別の文脈で受けとられるということもありうる。弁護士はそういうことも考慮して、相談者が自分の回答をどのように受けとるかを意識して回答しなければならない。

弁護士は、相談者が回答を誤って受けとめることによって違法・不当な行動に出ることのないようにしなければならない。

典型例として、法律相談の場面では相談者から(とくに相手方の行為について)違法かどうかを質問されることがある。

弁護士が民事法上の違法を前提に違法である(しかし刑事上は違法とはいえない)という意味で違法だと答えても、多くの相談者は刑事上の違法と民事上の違法が違うとは思っていないから、相手方の行為は犯罪に当たると考えかねない。また理論上は犯罪といえるとしても違法性が低いために立件されることは現実的には考えられないということも、相談者は考えない場合が多いので、相手方の行為は違法であると回答すると刑事告訴できると判断する相談者も少なくない。

他方、適法ではあるが微妙なラインであるような場合、相談者の希望している行動が適法であるといえば、弁護士が大丈夫と言ったということで、相談者が弁護士の想定を踏みこえて行動することも十分に考えられる。

弁護士は、相談に当たって聴き取った(訊き取った)過去の経過から、行動に行きすぎがありがちな相談者には、許される行動の範囲についてその条件をきちんと説明し、勇み足で違法行為に踏みこむことがないように慎重な姿勢で回答すべきである。

③ 相談者の性格にかたよりがあり、現実から遊離した強い思いこみをもっている場合

このような場合には、相談者を過度に刺激することのないように、しかし、相談者に話のペースを取られてコミュニケーションが困難になることのないように注意して相談にあたることが必要となる。相談者を心理的に脅かさないように配慮しながら、具体的なアドバイスはしないで相談を終了させるようにする。「あなたのおっしゃることはわかりますが、裁判所の説得の

ためには証拠がいるので、今度は証拠をもって相談にきてください」などというスタンスで対処するとよい。

❷ 事例

事例●1——相談者が過剰な請求を主張する場合

相談者は、妻と5歳の娘を同乗させてドライブしていたが、交差点で信号待ちしている際に追突されるという交通事故にあった。加害車両が低速で走行してきて追突したこともあって、さいわい娘は負傷しなかった。しかし、将来、何か後遺症が出る可能性があるので損害賠償を請求したい、また、親としても不安であり自身の慰謝料を請求したい、という事例。

●●

【弁】ご両親のお怪我については損害賠償額が提示されたんですね。

【相】はい。私と妻については、加害者の保険会社からそれぞれ提示がありました。でも娘については提示がなかったものですから、こちらから請求しようと思っていまして、今日そのことについて相談に来ました。

【弁】娘さんはどの程度のお怪我をなさったのですか。

【相】いや、今のところ具合の悪いところはありません。

【弁】お怪我はなさっていないと。

【相】ええ、まあ。でも同じ車に乗っていた私たちがムチ打ちになったのですから、娘もこれから成長するにつれてなにか症状が出てくるのではないかと心配なんです。

【弁】なるほど、それはご両親としては心配ですね。

【相】ええ、もう本当に心配でして。

[解説] 相談者の心配はもっともであると共感を示しているので、この後に行われる「相談者の希望を否定する説明」を相談者が受

容しやすい。

【弁】娘さんのこれからのことについては、お医者さんは何かおっしゃってるのですか。

【相】いいえ、そういうことはないんですけど。

【弁】そうするとですね、娘さんの後遺症に関する損害賠償は、実際に後遺症が出てから請求なさるという形になると思いますよ。

【相】今は請求できないんですか。

【弁】はい。

【相】何でですか。

【弁】損害賠償は、現実に損害が発生した場合に請求できるものなんです。

【相】そうなんですか。

［解説］顕在化していない後遺症については損害賠償は請求できない。

【相】それじゃあ、私たちが心配していることについて、慰謝料は取れるんでしょうか。

【弁】それもなかなか難しいと思います。

【相】慰謝料もだめなんですか。

【弁】怪我をした被害者の両親が慰謝料を請求できるのは、被害者の怪我が死亡した場合に比肩《ひけん》できるほどのものである場合に限られるんです。娘さんは、今のところ健やかにしていらっしゃるというのですから、死亡した場合に比肩できるほどの怪我をしたとはいいにくいと思います。ご心配なさるのはもっともですが。

［解説］判例によれば、直接の被害者が負傷した場合に父母が加害者に固有の慰謝料を請求できるのは、その負傷が「死亡に比肩できる場合」である。

ポイント 本件では後遺症は顕在化していないし、直接の被害者が死亡に比肩できるほどの怪我をしたわけでもないから、相談者の要求は過剰請求である。弁護士は、相談者の心配はもっともであると共感して相談者の希望を一概には否定せず、ただ、医師の診断がないこと、あるいは請求自体が判例に反することなど客観的な根拠にもとづいて、相談者の考えている請求が認められないことを納得してもらうようにしている。

事例●2──相談者の予想される行動から慎重に回答すべき場合

相談者は、自治会での役員の選任や犬の飼い方、無言電話、庭に何者かが侵入して木を勝手に切ったなどで隣人とトラブルになり、警察を呼んだが解決しない。相談者は無言電話や庭の侵入の犯人を、特定の隣人であると決めつけている。弁護士が、隣人が犯人である証拠がない場合には勝訴できないなどの理由で裁判(相談者の希望する解決)が困難であることをたびたび回答した後、次のような話に至った(本事例は第3部第2章事例2と同一の事例であるが、解説に合わせ内容を改変している)。

●●

【相】……この街区の人々には知らせる必要があるかなと(うん)、裁判が駄目なんだったらね。

【弁】まあそうですよね。

【相】こいつが変なことやってるよっていうのをね、みんなに知ってもらうと[中略]、回覧板を回しちゃおうかなと(うん)。それでもいいかな? そういうの。

> [解説] 名誉毀損でも事実であれば免責されるという場合、公益目的も要件となっている。トラブルの果てに隣人を非難する回覧板を回したいというこの相談者のケースでは、本来は、その公益性があるのかどうかという点について慎重に判断して、以下の回答を進めてゆく必要があった。

【弁】それが事実なんですよね。

【相】事実事実。もう嘘なんか何もない(うん)。9年間、でそれ、[自治会]会長にも相談に行って(うん)、しょうがない奴だなと(うん)。

【弁】その事実を(うん)ねじ曲げてしまったりだとか(うん)、あのー、多少評価的なこと、だから危険な(うんうん)人物であるだとか(うんうん)、そういうことを書かずに(うん)、あのこういうことをされたという、……。

【相】事実だけ書けば。

【弁】書くのであれば(うーん)、問題ないとは思います。

【相】法的に問題ないかね？

【弁】うん、問題はないと思います。

ポイント 相談者が無言電話や庭への侵入について特定の隣人のしわざと頭から決めつけていることを考えると、相談者が事実であると考えていることの根拠が十分であるとは考えにくい。このような場合に「事実であればよい」と回答すれば相談者が暴走するリスクがある。

このケースでは、その前に相談者の要求についてたびたび無理であると回答した後で、弁護士が相談者のために何かいい回答をしたいという思いがあったところへ、「事実なら書いてもいいですか」という一見正当性のある問いかけが出てきたので、つい肯定してしまったように思われる。弁護士が陥りがちな落とし穴である。

③ まとめ――法的対応が難しい場合

弁護士は法律家であるから、適法な社会生活の実現に寄与するアドバイスを提供すべきである。「弁護士が大丈夫だといった」ということで、相談者が過剰な請求を行ったり、違法な行動をとったりして相手方に迷惑をかけることのないように、相談の場では慎重に発言することが大切である。

（森脇志郎）

第7章 その他説明が難しい場合

1 解説

1 はじめに

この章では、これまでの章で扱われなかった相談事例で参考になる事例を取りあげ、相談者の質問に対してその場で答えることが難しかったり、適切でない場合についての対応を検討する。

具体的には、調査を要するためにその場では回答が難しい場合、相談者の質問が本来正確な回答(法的な評価)が難しい点に絞られている場合を取りあげる。

2 調査を要する場合

判断の前提となる事実や法律、制度について、相談の現場ではわからない場合がある。弁護士の知識・経験の不足のためにわからない場合は先の第4章で扱ったので、ここでは知識・経験に不足がなくてもその場ではわからない場合を扱うが、その対応においては第4章と共通の部分も少なくないと思われる。

典型的な例としては、医療過誤の相談、外国法に関する相談などがあげられるが、相談者の相談の対象が特定の文書に関するものであるが相談者がその文書をもってきておらず文書の内容があいまいであるような場合にも、同じことが当てはまる。法律以外の規則(自治会や寺社の内部の規則など)についての相談で相談者がそれを持っていない場合も同様である。

① 医療過誤の場合

医療過誤の場合、医師の行為の内容や過失の有無は、現実にはカルテの証拠保全をし、それを協力してくれる他の医師に見てもらって意見を聞いてはじめて判断できるのが通常である。相談者が医師の治療行為の内容を正確に把握していることは必ずしも期待できないし、裁判上の立証の必要性や立証でカルテが占める位置を考えれば、まずはカルテを見なければ裁判の見とおしは立てられない。相談者の話だけを聴(訊)いてもとても医療過誤がありそうにないという場合は、相談のみで終わることになるが、そうでなければ、最初の相談では、まずは証拠保全が必要であり、そのための手続や費用について回答して証拠保全の是非を検討すべきである。

② 外国法の場合

外国法に関する相談の場合、弁護士にたまたまその法律についての知識があればよいが、多くの場合、外国法については日常的に取りあつかっておらず、ましてや法改正のことも考えれば、調査した上で回答するのが現実的である。外国法が関係する場合は、裁判管轄が日本にあるのか、適用される法律がどこの国の法律になるのか、当事者が外国にいる場合その国での書類の送達を含めた制度等の調査の必要も出てくるので、注意が必要である。

③ 重要な書類がない場合

相談者が相談の対象となる書類をもってこない場合というのは、弁護士がしばしば経験するところである。法律相談の多くは何らかの契約に関するものである。そして弁護士の判断がその契約の特定の条項の有無や解釈に左右されることも少なからずある。その場合に相談者がその契約書をもってきていない場合、相談者の記憶を頼りにおぼつかない議論をすることになりかねない。相談者の記憶が比較的しっかりしていれば、今日聞いたことを前提にすればという形で回答することになるし、論点がかなりはっきり絞られ条項の選択肢も限られていて“こうであればこうなる”と言える場合はそういう回答もできる。また約款による場合は、契約書がなくてもおおかたの見当がつく場合が多い。しかし、約款によるものでなく契約書の内容にかなり大きく結論が左右される場合で相談者の記憶もはっきりしない場合は、やはり後日書類をもってきてもらって継続相談をすべきであろう。

④ 団体の内部規則が問題となる場合

内部規則の類も同様である。強行規定があるためにそれに反する規則があっても無効であるような場合はともかく、内部的な規則の場合は、弁護士の予想を超えた定めがあることも考えられる。少なくとも外国法と同じ程度には慎重になることが必要であろう。

3 相談者の質問が回答しにくい事項に絞られている場合

法律相談の場で相談者からよく質問され、かつその場で答えにくい相談事項として損害額の評価がある。多くの場合、評価の根拠となる資料・情報の不足によるが、慰謝料(交通事故や離婚はさておき)のように資料がそろっていても評価しにくいものもあり、物損でも算定が難しい場合が少なくない。それでありながら、数字を回答すると、一人歩きしやすく、事件受任にあたってはそれだけは取れると依頼者に期待させることになりやすいため、弁護士にとっては回答のリスクが大きい。

このような場合、弁護士の側では、損害の評価額をストレートに答えるのではなく、損害評価の考え方なり評価に影響する要素を説明することが多い。慰謝料についても交通事故等の定型化されたものは回答できるが、非定型のものについては、法律上の基準はなく諸般の事情を裁判官が総合的に考慮して決めること、日本の裁判では慰謝料の評価は一般に低いことを説明するのが現実的である。

相談者が、相談事項を損害額に絞っている場合でも、相談者の関心がそれのみにあるとは限らない。現実には損害の賠償を請求する側の相談者にとってはむしろ損害額をより高く評価させるための資料収集や、交渉での主張のポイントなどの方が利害・関心があるはずである。相談者が損害額に相談事項を絞ってくるのはそういった事項に考えが及んでいない場合が多いと考えられる。相談者の明示する相談事項にストレートな回答ができない場合でも、相談者が希望することをより有利に進める手段などの関連事項に話を向ければ、相談者はニーズを満たして満足するということも少なくない。相談事項が絞られてそれに直接回答できない場合でも、それで相談を終わりにするのではなく、相談者のより大きな、根源的なニーズを探ることで有意義な相談ができないか追求すべきである。

② 事例——事案の性質上その場では判断しにくい事例等

事例●1——医療過誤の相談事例

相談者は異物を飲みこんで調子が悪いので病院に行ったところ、内視鏡で見るときに医師がその異物を食いこませる形になって異物が刺さり激痛があった。翌日に別の医師に異物を取りだしてもらい、その医師のカルテのコピーをもらって、警察に傷害罪で告訴しにいったが、弁護士に相談するようにいわれて相談にきたという事例。

●●

【弁】これだけの証拠も出せるんだから大丈夫だと私は思います。民事事件としては、二つの法律構成ができます。一つは不法行為にもとづく損害賠償。過失によって、行ってはいけないようなことを行ってしまった、その結果として、相手方に損害を与えたような場合には、その賠償を請求できる。不法行為にもとづく損害賠償としての慰謝料。それから直接損害として治療費。

［解説］二つめの医療機関でのカルテがあるとはいえ、最初の医療機関でのカルテを押さえる前にここまで言うのはリスキー。

【弁】それからもう一つの法律構成としては、債務不履行による損害賠償、ということも、えー、この場合には、該当すると思うんです。要するにね、お医者さんに行ったり病院に行ったりして治療を受けようとする場合には医療契約というのが口頭で成立するんです。その契約にもとづくあの責任ということに関してね。お医者さんとしてはきちっとした診察をして、診断をして、適切な治療を行うという義務が発生します。ところが、お医者さんは適切な診断をしなかった。ということで、自らやるべき債務を履行していない。

【相】たとえば、先生の方に50万と。着手金だとか色々ありますわね、成功報酬とか。それは、相当高額で、結局相手から取れる金額がそれこそ医療事故からいえば、微々たるものだという判断をされた場合に、まあ極端な話で、弁護士費用が100万円で、慰謝料が10万円だったら、あわないわけですよね。どのくらいかかって、それがイコールになるか、足しにはなってもマイナスにはならんという判断が可能かどうか。

【弁】慰謝料についていくら払うというような法律上の定めはないんですね。まあ強いてなんかその基準みたいのがあるとすると、交通事故の慰謝料の算定法ですよね。何日間入院して、何ヶ月入院して何ヶ月、何日間通院したか、これを一覧表にしてね、一応の基準があるんですけども、一般的にはありません。それを基準にしてできる場合にはそれを利用して算定するということがありますけど。その他の場合には、だいたいどれぐらいが相当かなあというようなあたりをつけてですね、相手に請求する、あるいは裁判を起こす。で、裁判を申し立てた場合には裁判所が全体的にみてこのぐらいということを、判断を判決の中ですると、そういうふうな作業です。でーさて、この場合にいくらぐらいが相当かということになりますが、えー、私の勘では100万、200万は無理でしょう。

> ［解説］この件では翌日には別の病院に行って異物を除去してもらいすぐ完治している。交通事故の基準で慰謝料を算定したら数万円のはず。弁護士は100万、200万は無理でしょうという否定形で発言しており、それ自体は正しいが、こう回答すれば数十万円は取れると相談者は受けとる。慰謝料について安易に数字を出すのはリスクが大きい。

ポイント 医療過誤の相談においては、相談者は感情的になっていることが多く、その様子に同情して弁護士がリップサービスしてしまうことも考えられる。この相談事例ではそのきらいがある。

しかし、医療過誤の場合、医療過誤を主張する治療行為を行った医療機関のカルテを押さえて検討することがまず重要であり、それ以前の段階で断定的な回答をすることは避けた方が賢明である。感情的になっている相談者が多いことを考えれば、断定的でなくても期待をもたせる回答があると、相談者がそれをより断定的に受けとる可能性が強いことに留意すべきである。相談者の主張に共感は示すとしても、弁護士は相談者に過剰な期待を抱かせていないか検討しつつ回答すべきであろう。

またこの事例では慰謝料についての回答も問題となる。数字をだすと相談者はそれを蓋然性のあるものと受けとめがちであるので、弁護士は相談者の受けとめ方に注意して回答する必要がある。

事例●2──国際結婚の相談事例

外国人と結婚して日本で同居するつもりでいたが、ビザの申請書類に不備があり結婚相手が日本に来ることができず、その状態が続いているので離婚したいという相談。

●●

【弁】相手がですね、もう離婚もやむをえないということで同意している場合は、日本の手続ですと、通常の協議離婚のね、手続でいいわけですけど、相手に離婚届にサインしてもらわないといけないっていうのがあるんで、例えばこれを送ってまた、送り返してもらうということができるかどうかと。

【相】もう離婚届送ったんです。サインだけしてくださいと。向こうで、送る送ると言ったんですけど、ずーっともう、送ってよこさないんですよ。

【弁】じゃあこちらで一応裁判を起こして裁判離婚という形でなきゃいけないということにはなるのかな。訴状というのを書いてね、裁判所に印紙を貼って出さなきゃいけないんでね。その手続が要ります。それからあの、相手の方の地元での手続というのはこちらは別に考えなくてもいいんですかね？　相手は相手でやってもらえばいいっていうこと……。

【相】いやそれはね、私ね、やってほしいのよ。できれば。

【弁】うん、こちらでは、戸籍、籍は抜けますけれども、こちらの手続で。向こうの方はこれが、残ってる形になって。これ、カトリックなのかな？

【相】うん、カトリック。

【弁】そうするとその、離婚が認められるとか認められないとか色々、あるかもしれないですね。そもそも。ちょっと僕も、キリスト教徒じゃないんでわからないんですが。今ちょっと、私かぎりではお答えできないので、一度ねえ、日本の方の手続まで含めてね、一度継続でご相談うけたまわります。それで、具体的には日本の方は、裁判手続の準備をするということ。それから、相手の地元の方は、そもそも離婚ということが可能なのかどうか、可能だとすればどんな、誰にどんな手続をとってもらえばいいのかね。それをちょっと大使館とかですね、その辺に訊いて確認をした上で、どうしたらいいかとご相談しないといかんと思うんですけれども。

【相】そうなんですか。

> ［**解説**］裁判外の処理（ただし日本人の方だけの処理で外国人の方は本当は困る）を模索した後、裁判が必要と判断した時点で、外国法の適用が直接の問題となるので、弁護士は調査が必要として継続相談にした。30 分程度の相談ではオーソドックスな処理。ただ、有料の継続相談であれば、弁護士の方で一方的に継続相談にしますと決めてしまうのは対応に問題が残る。

ポイント　外国法の適用が問題となるケースは、通常は、資料や知識の限界から十分な検討と回答ができない。30 分程度の相談であわてて回答しようとすると誤りやすいということも考え、継続相談とすることが現実的な場合が多いと考えられる。

③ 事例——損害賠償額の相談事例

事例●3——家主が捨ててしまった借り主の物の損害賠償額

建物の賃貸借で家賃の滞納があり、約束の日に家賃が支払われなかったので家主が荷物を運び出して廃棄してしまい、借り主から損害賠償請求されているという相談。

●●

【弁】それで向こうは損害賠償としていくらほしいというふうに言ってるんですか？

【相】約440万円です。で、そのリストがここにあるんですけども。

【弁】見せてください……440万円。

【相】あ、失礼、それが、買ったときの値段だということで、そのうちの半分を賠償してくれと。

【弁】ということは、まあ220万円くらいですかね。220万円について、賠償してほしいということを言ってるわけですね。そうですねー……ニット、スーツ、ブラウス、セーター、エプロン。けっこういろんなものがありますね。

> ［解説］ここでは数字の根拠があまり具体的ではなく、さらにいえばリストの品物がすべてあったかどうかもじつは定かではない。損害額の評価を回答するのであれば、より具体的に数字の根拠、半分とする根拠も聴き取る必要があった。

【相】相手がですね、それじゃあもう、絶対、これ以外はだめだと。この半分の金額以外はだめだということになったらどうなりますか？

【弁】そこはですね、考え方だと思います。まあ訴訟になるというふうなことを言いましたけれども、ま、かりに220万円ていう金額がまあ、高くてですね、法外だからちょっと応じることはいくら何でもということになりますと、やはり、訴訟の場で決着をつけた方がよろしいかと思います。

【相】あ、そうですか。

【弁】ただ、それよりも、刑事もかかってることで、警察、警察官の方も早く和解をしてほしいということもいってるから、ある程度高くてもしょうがないので、このぐらいで金額をね、たとえば200万ギリとかですね、そうですね、190とか180とかですね、そこで、ちょっと折りあいをつけましょうとかいうのも、ご判断ということになるかと思います。

[解説] ここで弁護士が出した200、190、180万円といった数字は全く根拠が示されていない。交渉だから相手も譲歩するだろう、してほしいというようなレベルである。もちろん、そのような回答もあるが、それは交渉するならばだという前提をあきらかにすべきである。

ポイント 弁護士は賠償額を具体的に答えているが、現段階では具体的数字は回答できないのであるから、慎重な応答をすべきである。むしろ相談者はこれから交渉に臨むのであるから、交渉での主張のポイント(値切り方)を説明する方が有益であったと思われる。

なお、損害賠償額についての相談でそのようにうまく対応している事例は第２部で紹介されている。

④ まとめ――その他説明が難しい場合

判断の前提として調査を要する場合には、短時間の相談で即答するのではなく、継続相談を行うことが適切である。医療過誤や外国法に関する相談の場合が代表的なものであるが、相談対象の書面を相談者がもってきていない場合など資料不足の場合にも、同様の対応をした方がいいときがある。

損害賠償額の評価など、それ自体を正確に回答することが困難な事項について、相談者がそれに絞って質問するような場合、損害額の評価の考え方などの原則論を回答した方がいい場合がある。また相談者が損害額のみを訊いている場合でも、相談者のより大きなニーズを考え、損害額を左右する資料の収集方法や交渉のポイント等に話をもっていった方が相談者のニーズに合致することもある。相談者が特定した質問のみでなく相談者のより根源的なニーズを探ることも重要である。

（伊東良徳）

第4部

ロールプレイ用事例
相談の記録と手法

第1章 ロールプレイ用事例

1 資料1——事案の概要

1 相談者のプロフィール

1　氏名　【自由】

2　生年月日　昭和32年5月23日

3　住所　東京都世田谷区砧六丁目○番○号

4　略歴

昭和55年3月　大学卒業

同年4月　大手繊維メーカーの大東西紡績《だいとうざいぼうせき》(株)に入社

昭和61年7月　同社退職

同月　父親【氏名自由】の経営する洋品店(「キヌタ洋品店」)に勤務((株)キヌタ洋品店取締役就任)

平成2年1月　「キヌタ洋品店」の経営を引き継ぐ（同社代表取締役就任）

現在に至る

5　家族

配偶者（昭和57年7月15日婚姻届出）同居

長男（昭和59年4月3日生）別居(下宿)

長女（昭和63年9月21日生）同居

父（昭和2年3月8日生）同居

母（昭和7年11月15日生）同居

6 (株)キヌタ洋品店の概要

商号　株式会社キヌタ洋品店

設立　昭和32年6月3日

本店　東京都世田谷区砧六丁目◯番◯号

目的　紳士、婦人、子供服の販売、衣料雑貨品の販売、日用品の販売等

発行可能株式総数　40万株

会社が公告をする方法　官報に掲載する方法

発行済株式の総数　20万株

資本金の額　1000万円

取締役および監査役

代表取締役　相談者本人

取締役　父

同　　　配偶者

監査役　母

株式譲渡制限の定めあり

2 相談事項の概要

1 今回は、中学から大学までの間を通じての友人である鈴木武男《すずきたけお》君に私が貸した500万円の返済の件で相談したいと思います。

2 鈴木君は、私と同じ昭和32年生まれで、中学2年生と3年生のときに同じクラスになったことから親しくなり、クラスは違いましたが、高校も同じでした。さらに、大学も、学部は違いましたが(私は経済学科、鈴木君は建築学科)、一緒でした。大学時代には、いつも会っていたということはありませんでしたが、時々、中学・高校の仲間と一緒に集まる機会がありました。

3 大学卒業後、私は、大東西紡績(株)という繊維メーカーに就職し、鈴木君は、建設業界大手の大鹿水《おおしかみず》建設(株)に就職しました。

就職後はお互い仕事が忙しく、鈴木君とはほとんど会う機会はなかったのですが、平成元年に、父の経営する「キヌタ洋品店」の店舗(店舗兼自宅。所在地は、私の住所と同じです)を全面改築することになった

際に、鈴木君に頼んで、鈴木君の勤務先の関連会社に格安の代金で改築工事をしてもらったことがあり、それ以降、少なくとも年 1 回は、再び、地元に残っている中学・高校の同級生などと一緒に忘年会などを行うようになりました。私は、昭和 61 年に会社を退職し、父の跡を継ぐ予定で、「キヌタ洋品店」で仕事を始めていましたが、いよいよ私が洋品店を引き継ぐということで、平成元年に、父とも相談して、店舗を改築することにしたものです。実際、店舗改築の翌年である平成 2 年には、私は父の跡を継いでキヌタ洋品店の代表取締役となり、店名を「KINUTA」と改名して、現在に至っているのです(なお、会社名は変更していません)。父の店は、婦人服を中心に、バッグ、小物類を取り扱っていましたが、私が継いでからは、メンズ、レディースを問わず、カジュアル系のものをより多く取り扱うようにしていきました。

店舗の改築は、本来であれば 3000 万円から 4000 万円近くの費用がかかるはずでしたが、このときは、鈴木君の紹介ということもあって 2000 万円弱でお願いすることができ、大変助かったという思いがあります。

4 今回ご相談の貸金は、平成 15 年 2 月に、鈴木君が独立して始めた工務店の事業資金として貸したものです。

鈴木君は、平成 12 年に勤務先を退職し、会社の元同僚や取引先として知りあった人などと共同で会社を設立して、住宅建築やリフォームなどを主に扱う工務店を始めました。鈴木君の話によれば、鈴木君自身が取得した一級建築士の資格と、大鹿水建設勤務時代に培《つちか》った人間関係(建材業者、不動産業者、官公庁関係者など)をフルに活用して、折からの住宅建設ブームに乗るかたちで、事業を始めることにしたとのことでした。

私は、同じ年の忘年会の席で、鈴木君からそのような話を聞いたと記憶していますが、その後平成 15 年 1 月に、鈴木君が私の店を訪ねてきて、正式に金銭の借用方を依頼されました。鈴木君の話では、時期的なこともあって、銀行が融資に慎重で、なかなか十分な融資をしてくれないが、住宅の新築やリフォームは、需要が十分にあり、1~2 年で実績を挙げて追加融資を受けることができれば、その時に返済できるとのことで、具体的には500万円ほど融通してもらえないかとのことでした。私は、自分の店の経営のこともあり、少々ためらいを感じたのですが、当時、住宅ローン減税制度などの影響で住宅の新築案件も増加しているということは知っており、また、以前店舗改築の件では、鈴木君に大変お世話になっていることもあって、1〜2年で返済可能であればということで、鈴木君に500万円を貸すことにしました。

実際の貸付は、私の会社((株)キヌタ洋品店)から鈴木君が設立した会社((株)大蔵木《おおくらき》工務店)に対して貸し付けるということにし、鈴木君個人に連帯保証をしてもらいました。そのような趣旨の借用証も作成してもらっています。借用証および会社の帳簿によれば、貸付日は平成15年2月10日となっており、借用証の記載上は、とくに返済期限を決めていません。ただし、当時の約束では、1〜2年で返済するということで間違いないと思っています。

5 その後、鈴木君とは忘年会などで年1回から2回程度顔を合わせていましたが、その際に、お互いの仕事のことを少し話すだけで、私は鈴木君の事業の状況を詳細に聞いたり、500万円の貸付のことを話題にすることはありませんでした。

6 平成18年の秋ごろ、私の店も景気の悪化のために、縮小、立て直しなどを考えなければならなくなりました。それまでも、不景気による売上の減少が続いていたのですが、地元商店会の協力による売上の維持や仕入値の交渉による販売原価の圧縮などでしのいできました。しかし、それも限界に達してきたのです。その中で、前に鈴木君に貸した500万円のことが頭に浮かび、私は、できればこの際に全額返済してもらえれば、私の店の資金繰りもずいぶんと助かると考えました。

そこで、私はその年の忘年会で鈴木君と会ったときに、貸金のことや鈴木君の事業のことについて話をしましたが、忘年会の席でもあり、鈴木君は、「まあまあ、うまくやっているから」などというばかりで、あまり具体的な話になりませんでした。

7 私は、年が明けた平成19年1月に、鈴木君の工務店に出向き、鈴木君に、そろそろ前に貸した500万円を返してもらいたいと思っていることを話しました。すると、鈴木君は、「あれは、事業がうまくいって銀行から融資枠を拡大してもらったら返すという約束だったはずだ。今のところ、まだ銀行との関係は前のままだし、工務店の方もトントンで、とても金を返す余裕はない」と言ってきたのです。私は、「もともとは、1~2年で返すことができるというので貸したもので、もう4年も経ってしまったし、私の店の方も苦しいので、何とか返してほしい」と言い返したのですが、鈴木君は、「今頃急に言われても困る。とにかく、返すような資金もない」、「前に店を改築したときは、相当面倒を見たのに、なんだ」などと言うばかりで、最後には口論になってしまいました。

8 このようなことがあった後も、私は、鈴木君に電話をかけて、貸金の返済を求めましたが、鈴木君の返事は、返せない、の一点張りでした。

3月ごろ、私が鈴木君の店に出向くと、平日であったにもかかわらず、店は閉まっていました。その後何回か鈴木君の店に行きましたが、いつも店が閉まっている状態で、私は倒産でもしたのかと不安になってしまいました。そこで、近所の知人に鈴木君のことを訊いてみましたところ、店が開いているときもあるが、最近は、店が開いているのは週に2日くらいではないかという話でした。その後も、鈴木君とは連絡がとれない状態が続いています。ただし、私の知るかぎりでは、世田谷区内の住宅新築現場で、施工者が大蔵木工務店名になっている現場が2ヶ所あり、仕事をしていないわけではないと思います。

9 鈴木君の工務店は、世田谷区祖師谷三丁目○番○号にあり、会社の住所も同じですが、店舗は借り物で、世田谷区上祖師谷一丁目○番○号に自宅があります。私は、この間鈴木君の自宅には行っていません。店舗の大家さんは、確か田代正樹さんという名前だったように思います。

鈴木君の取引銀行は、私のところと同じで、大宮桜木銀行祖師ヶ谷大蔵支店です。鈴木君個人の預金口座がどの銀行にあるのかは、わかりません。

工務店では、いつも、小型トラックとワゴンを業務用に使用していました。これらの車は、いずれも工務店の店舗に隣接している駐車場に停めてありました。今現在、これらの車がどうなっているかは、確認していません。

10 以上の次第で、私としては、今すぐにでも、鈴木君に貸した500万円を取り返したいと思っています。

（注1）本資料は、相談者役が男性でも女性でも対応できるようにするため、相談者の氏名を自由に設定できるようにし、また、相談事項の概要にも一定の工夫をするなどしている。

（注2）本資料は、平成19年4月ごろに法律相談が行われることを想定して、日時などを設定しているため、相談時には消滅時効の問題が生じないという前提で考えているが、本資料を後日ロールプレイに使用する場合には、適宜日時を変更するなどの処置が必要である。

❷ 資料2——借用証

借　用　証

株式会社キヌタ洋品店　殿

金五百萬円也

上記のとおり、確かに借用いたしました。

平成15年2月10日

東京都世田谷区祖師谷三丁目〇番〇号
借　主　株式会社大蔵木工務店
代表取締役　鈴　木　武　男　㊞

東京都世田谷区上祖師谷一丁目〇番〇号
連帯保証人　鈴　木　武　男　㊞

❸ 資料 3――現在事項全部証明書

現在事項全部証明書

東京都世田谷区祖師谷三丁目〇番〇号
株式会社大蔵木工務店　　会社番号　000XXX

商　号	株式会社大蔵木工務店
本　店	東京都世田谷区祖師谷三丁目〇番〇号
公告をする方法	官報に掲載する
会社成立の年月日	平成 12 年 10 月 16 日
目　的	1. 一般土木建築業 2. 給排水・衛生設備工事 3. 空調設備工事 4. 建築材料の販売 5. 建設用機器の賃貸 6. 土地建物の売買及びその仲介 7. 建物の賃貸及び管理 8. 全各号に付帯する一切の業務
発行可能株式総数	800 株
発行済株式の総数並びに種類及び数	発行済株式の総数 200 株
株券を発行する旨の定め	当会社の株式については、株券を発行する。 平成 17 年法律第 87 号第 136 条の規定により平成 18 年 5 月 1 日登記
資本金の額	金 1000 万円
株式の譲渡制限に関する規定	当会社の株式は、取締役会の承認がなければ譲渡することができない。

役員に関する事項	取締役　　鈴木　武男	平成17年6月30日重任 平成17年7月1日登記
	取締役　　神部　則定	平成17年6月30日重任 平成17年7月1日登記
	取締役　　高田　哲朗	平成17年6月30日重任 平成17年7月1日登記
	東京都世田谷区上祖師谷一丁目○番○号 代表取締役　鈴木　武男	平成17年6月30日重任 平成17年7月1日登記
	監査役　　鈴木　恭子	平成16年6月30日重任 平成16年7月2日登記
取締役会設置会社に関する事項	取締役会設置会社	平成17年法律第87号第136条の規定により平成18年5月1日登記
監査役設置会社に関する事項	監査役設置会社	平成17年法律第87号第136条の規定により平成18年5月1日登記

これは登記簿に記載されている現に効力を有する事項の全部であることを証明した書面である。

平成19年3月○日
○○法務局○○○出張所

登記官　　　某

○○法務局
○○○出張
所　　　印

整理番号 C12789X　　　*下線のあるものは抹消事項であることを示す。

（竹内　淳）

第2章 法律相談の記録とその手法

法律相談のロールプレイや事例検討会では、多くの資料を利用して分析や検討を行う。それらの資料の中でも、法律相談を記録したものは分析や検討の中心となるきわめて重要な資料である。そのため、どのような記録をどのように用いるかなど、記録を意識的に作成・利用することが必要である。その際には、それに応じた記録作成の手法も求められる。そこで本章では、とくに法律相談の記録に着目し、その形態や作成の手法について簡単に整理する。

1 記録の形態

法律相談の記録は、様々な形で提供されうる。ここではそれらを大きく文字記録、音声記録、映像記録の 3 つに分けて説明する。

① 文字記録

法律相談の言語的な内容を文字化して詳細に記録したものである。文字記録は広義には、速記録や観察記録なども含むが、一般的には音声記録や映像記録から作成した逐語記録を指す。非言語的な情報が捨象された文字情報であることから、比較的短時間で記録の内容を把握できる。そのため法律相談の内容そのものの適切性の検討などに利用できる。

② 音声記録

テープレコーダなどの録音装置による音声の記録である。記録されるのは言語的な内容が中心であるが、文字記録と比べると、声の抑揚や沈黙などの非言語的な情報もある程度記録される。音声記録を用いる場合、法律相談全体の内容を把握するためには実時間が必要となる。しかし音声記録のみでは長時間にわたって集中力を持続させるのが難しいため、通常は映像記録を利用するほうがよい。映像記録が用意できなかったなど、やむを得ず音声記録を用いる場合は、文字記録を併用するなどの工夫を要する。

③ 映像記録

ビデオカメラなどによる映像の記録で、音声記録も含む。視覚的情報を含む雑多で膨大な情報量を有する。全体の内容を把握するためには実時間が必要となるが、文字・音声記録に比べると非常に具体的でわかりやすい。非言語的な内容を含め多様な点について分析・検討することが可能である。

④ 記録の選択

これらの記録にはそれぞれ特性があるため、分析・検討の目的にあわせて利用する。たとえば、法律相談における弁護士のアドバイスの法的妥当性について検討する場合は文字記録が有効であるし、弁護士の態度や相談者の表情などについて検討する場合は映像記録が有効である。もちろんそれぞれを併用して分析を行うことも必要である。たとえば映像記録を視聴しながら、その映像の逐語記録の該当箇所に分析のためのメモを書きこむなどである。

❷ 記録の手法

① 文字記録

文字記録は、音声記録や映像記録の音声部分をもとに作成する。法律相談での会話をそのまま文字化する方法が一般的であるが、会話分析のための特殊な記号を用いた逐語記録を作成することもある。また、文字記録の作成にはかなりの時間を要するため、必要に応じ外部に委託することもある。ただ、実際に法律相談を行った者が記録を作成する作業は、自分の法律相談を再評価するよい契機ともなりうる。いずれにせよ、記録をどのように使うかに応じて、だれが、どの部分を、いつまでに、どの程度まで文字化するのかを決めておく必要がある。

記録を作成する際には、トランスクライバやディクテータなどの機材(注1)を用いると便利である。それらを足で操作できるフットコントロール・ユニットを併用すれば、両手がふさがらず効率的に作業できる。最近では、パソコン上でトランスクライバの役割を果たすソフトウェア(注2)も開発されており、IC レコーダの音声ファイルをパソコンで再生させながら、同一パソコン上で記録を作成することも可能である。

② 音声記録

音声記録を作成する場合、カセットテープレコーダや MD レコーダなどが主に使用されるが、最近では IC レコーダも利用されるようになってきた。IC レコーダはテープ交換なしに長時間の記録が可能であり、さらに本体での再生だけでなく、音声ファイルを一般のパソコンにコピーして再生することもできる(注3)。

記録の際には、音声が明瞭に記録されるよう工夫する。たとえば、モノラルよりもステレオで記録する方がより明瞭な音声が得られるだろう。また、マイクを使用することが望ましい。マイクについては後述する。

音声記録は、映像記録のバックアップとしても利用可能である。映像を記録するのが困難な場合、あるいは、映像撮影機器のトラブルによって映像記録が得られなかった場合は、音声記録が貴重な記録となる。

③ 映像記録

映像記録はビデオカメラを用いて作成する。現在はデジタルビデオカメラが一般的になってきている。なお、民生用のデジタルハイビジョンビデオカメラも発売されているが、まだ高価である。映像記録の分析では、映像よりも音声の品質が重要であることが多い。そのため、高価なビデオカメラよりもマイクを用意する方が望ましい。

④ マイク

ビデオカメラに直接装着するもの、マイクスタンドを利用するもの、卓上に設置するもの、あるいは胸元につけるピンマイクなど、設置形態は様々である。また、それぞれのマイクには指向特性があり、360度すべての方向に対して感度が同等にある全指向性のものや、正面に対して感度がよい単一指向性のものなどがある。さらにステレオで録音できるものや４チャンネルでのサラウンド録音ができるものもある。

これらのマイクは、収録場所や収録対象に合わせて選択する。たとえば、卓上にマイクを設置できる場合は、ある程度の指向性を有するステレオマイクを利用する。また、カメラにマイクを直接装着する場合は、単一指向性より鋭い指向特性を有する、鋭指向性のガンマイクを利用する。最近では、カメラのズーミングに連動して指向性が変化するマイクも発売されている。

いずれのマイクを利用するにせよ、事前にヘッドホンなどで音声の感度を確認しておくことが必要である。

⑤ ビデオカメラの設置場所

ビデオカメラは三脚を用いて設置するが、撮影の場所や目的に応じてカメラの設置場所は異なる。法律相談であれば、弁護士と相談者の両者がフレームに入るように側面から撮影することが多いが、これには、両者のコミュニケーションなどの相互作用が観察しやすいという特長がある。そのほか、目的に応じてカメラの設置場所を決定する。たとえば、相談者の表情をとらえたい場合には、相談者の顔が記録できるようカメラは相談者のななめ前方に設置する。

もちろん、とくに実際の法律相談においては、撮影や録音に先立ち相談者の許可を得る必要があるが、相談者が顔を映してほしくないという場合もある。その際は、可能であれば相談者の背後から撮影するなどの配慮をした上で、なるべく相談の全体像を映像として記録できるようにする。

撮影場所が狭い部屋の場合、カメラとの距離が短く、フレームに収まりきらないこともある。そのため撮影する部屋はある程度の大きさのある部屋が望ましい。もしくは、広角レンズ（ワイドコンバージョンレンズ）を利用する。

なお、複数台のカメラを用いてそれぞれを撮影し、後から編集して分析・検討する手法もあるが、編集に時間がかかることなどを考慮するとあまり実用的であるとはいえない。

❸ 映像記録のデジタル化

① 背 景

映像記録は通常、ビデオテープなどのアナログテープに記録される。しかしアナログテープは記録を順に再生することはできるが、重要な場面に即時にアクセスすることは難しい。さらに、記録を共有するためにはダビングが必要である。共有する人数が多ければ多いほどダビングに手間がかかり、現実的に共有が困難になってしまう。それらの問題に対しては、映像記録のデジタル化が有効である。最近はパソコンを利用して、容易に映像記録をデジタル化することが可能である。そのため、デジタル化した映像記録を用いて法律相談の分析・検討を行うことも多くなっている。

② 可能性

デジタル化された映像記録は、当該場面に容易にアクセスでき、さらに、複数の当該場面を連続して提示することが可能である。また、パソコン上で容易にコピーができるため、ダビングなどの多大な手間をかけることなく映像記録の共有が可能となる。くわえて、再生やコピーの繰り返しによる品質劣化がほとんどない点も重要である。DVD などを利用すれば、よい品質のままで長期間にわたって記録を保存できる。

③ 分 析

映像記録をデジタル化することで、アナログテープでは実現が困難であった分析・検討が可能になる。たとえば、映像記録の任意の箇所に自由にアクセスできる点は、映像記録を時間軸にとらわれずに分析者の視点で再構築し、より深い視点からの分析・検討を可能にする。さらにその際には、映像記録を分析するための専用ソフト(注 4)も利用できる。

また、デジタル化された映像記録をインターネットなどのコンピュータ・ネットワークを通じて共有すれば、電子掲示板などを利用してオンライン上での協調作業的な分析・検討も可能になる。遠隔地にいる専門家のアドバイスを受けたり、オンライン上での一定程度の分析・検討を行ったりすることもできるようになる。現在、映像記録と電子掲示板を有機的に統合させるなど、オンライン上の協調作業の支援を目指したシステム(注5)もいくつか開発されている。

④ 問題点

以上のように、映像記録をデジタル化することで多くのメリットが生ずる。しかし、映像記録をデジタル化することで新たに浮上する問題もある。たとえば映像記録が簡単に流出してしまったり、改ざんされてしまったりする危険も生ずるため、とくに映像記録のセキュリティに関しては十分に配慮しなければならない。アナログテープを利用する場合には、テープそのものを物理的に管理することで、こうした問題にある程度対応可能である。その点、デジタル化された映像記録は十分慎重に取り扱う必要がある(注6)。

（注1）これらの機器には、指定箇所を繰り返し再生する機能や、自動的に少し巻き戻ってから再生を停止する機能、再生スピードを変化させる機能など、カセットテープやMDに録音された音声を文字化する際に有効な機能が付加されている。

（注2）たとえば「おこしやす」（Windows用フリーウェア、http://www12.plala.or.jp/mojo/）、「Listen&Type」（Macintosh用シェアウェア、http://www.nattaworks.com/japanese.html）など。

（注3）通常、ICレコーダでは独自形式の音声ファイルが作成されるが、汎用的な音声ファイル形式であるMP3形式でファイルを作成するICレコーダもある。

（注4）たとえば「mivurix」は、映像の中に潜む、行動の潜在的規則性の発見を支援するソフトウェア（Microsoft Excelのマクロ）である。映像記録を断片化し、当該映像の繰り返しの閲覧を可能にすることで、分析を支援する。詳しくは荒川歩（2005）「映像データの質的分析の可能性」『質的心理学研究』4、66–74、または http://www.k2.dion.ne.jp/~kokoro/mivurix/ を参照。

（注5）たとえば筆者らが開発したSTICSは、映像記録をストリーミング配信し、任意のシーンにコメントを付与できるようにしたウェブ上のシステムである。詳しくは金子大輔・菅原郁夫・今井早苗・半谷幸裕（2004）「法科大学院における実務技能教育を支援するシステムの導入の試み」『教育システム情報学会誌』21(3)、277–286を参照。

（注 6）本節で述べた事項は映像記録に限らず、文字記録や音声記録をデジタル化する際にもあてはまる点である。

（金子大輔）

索　引

た　行

な　行

は　行

ま 行

や 行

ら 行

わ 行

編者紹介

菅原郁夫(すがわら・いくお)　名古屋大学大学院法学研究科教授．主要著書に『民事裁判心理学序説』(信山社，1998年)，『法律相談のための面接技法』(共編著，商事法務，2004年)，ほか．[1部1章，2部1章～3章]

下山晴彦(しもやま・はるひこ)　東京大学大学院教育学研究科臨床心理学コース教授．主要著書に『講座 臨床心理学』(全6巻，共編，東京大学出版会，2001～02年)，『心理学の新しいかたち』(全11巻，編著，誠信書房，2004～6年)ほか．[1部2章]

著者紹介(五十音順)

有坂秀樹(ありさか・ひでき)　弁護士，東京弁護士会．[3部4章]

市川清文(いちかわ・きよふみ)　弁護士，千葉県弁護士会．[2部4章]

伊東良徳(いとう・よしのり)　弁護士，第二東京弁護士会．主要著書に『くらしの相談室 消費者トラブル Q&A』(共著，有斐閣，1999年)，『教科書の中の男女差別』(共著，明石書店，1991年)ほか．[3部1章，3部7章]

岡田悦典(おかだ・よしのり)　南山大学法学部准教授．主要著書に『法律相談のための面接技法』(共編著，上掲)，『被疑者弁護権の研究』(日本評論社，2001年)ほか．[1部5章]

金子大輔(かねこ・だいすけ)　北星学園大学経済学部専任講師．主要論文に「名古屋大学法科大学院における ICT 利用の現状」(共著，『工学教育』54(4)，2006年)，「法科大学院における実務技能教育を支援するシステムの導入の試み」(共著，『教育システム情報学会誌』21(3)，2004年)ほか．[4部2章]

竹内　淳(たけうち・じゅん)　弁護士，第二東京弁護士会．主要著書に『法律相談のための面接技法』(分担執筆，上掲)ほか．[1部3章，4部1章]

原田杏子(はらだ・きょうこ)　八王子医療刑務所調査専門官．主要著訳書に『法律相談のための面接技法』(分担執筆，上掲)，『臨床実践のための質的研究法入門』(共訳，金剛出版，2006年)ほか．[1部4章]

溝呂木雄浩(みぞろぎ・ゆうこう)　弁護士，第二東京弁護士会．主要著書に『法律相談のための面接技法』(分担執筆，上掲)，『クレジット・サラ金処理の手引き』(分担執筆，東京三弁護士会編，2005年)ほか．[3部2章～3章]

森脇志郎(もりわき・しろう)　弁護士，埼玉弁護士会．主要論文に「保険金請求訴訟における事実認定及び訴訟運営上の諸問題」(共著，『判例タイムズ』，1229号，2007年)ほか．[3部5章～6章]

＊[　]内は執筆分担

実践 法律相談
——面接技法のエッセンス——

2007年7月25日　初　版

[検印廃止]

編　者　菅原郁夫・下山晴彦

発行所　財団法人　東京大学出版会

代 表 者　岡本和夫
113-8654 東京都文京区本郷 7-3-1 東大構内
電話 03-3811-8814　Fax 03-3812-6958
振替 00160-6-59964

印刷所　研究社印刷株式会社
製本所　矢嶋製本株式会社

ISBN 978-4-13-032339-0　Printed in Japan